柏井 壽

京都しあわせ食堂

Happy Popular Restaurants in Kyoto

京都しあわせ倶楽部

PHP

はじめに

食堂は、普通に読めば〈しょくどう〉だが、寺方にある食堂は〈じきどう〉と読み、僧侶が日々の生活の中で、修行を重ねる場でもある。

つまり、お寺の食堂は、ただ食事をするだけではなく、修行の場でもあり、更にはご本尊を安置する場所でもある。

なぜ食堂で修行を積むのか。けっして手狭だからではないだろう。広い寺の境内にはほかにも修行の場がいくらもある。なのになぜ、食堂で修行するのか。

――食事はいのちの場――

という考え方を仏教が持っているからである。

魚、肉、人は誰もが、他の生命を奪い、それを食べることによって生きている。

たとえそれが精進料理であっても、草木の生命を奪っていることに変わりはなく、食べることでしか生き長らえない人間としての宿命なのだ。

なればこそ、食事はいのちの場となり、万物に感謝して食べ、生命の根源を見出《みいだ》そうとする。それは、人が人としてあり続けるための、心の持ちようだとも言える。人間が他の生物と一線を画すのは、〈食〉に対する敬意そのものであると仏法は教えているのだと思う。

言うまでもなく、今の〈しょくどう〉は〈じきどう〉が変化したものである。

明治以降、教育制度が急速に充実し、故郷を離れ、日本各地の高校、大学で学ぶ若人が増え、そのために寄宿舎や学寮が建てられ、学生たちは寝食を共にする。

そしてそこで食事する場所を、寺方の〈じきどう〉に倣って、〈しょくどう〉と名付けたのである。すなわち本来、〈食堂〉というものは、研鑽を積む仲間が食を共にする場所だった。更に時代は移り、一般の飲食店も、この食堂という言葉を使い始め、大衆食堂、駅前食堂と変遷してきた。

寺から学校、一般へと移り変わる中で〈じき〉が〈しょく〉になり、本来の精神をどこかへ置いてきてしまったのが、今の〈食〉の姿。

希少な食材や、こだわりとやらを駆使した料理法ばかりが持て囃《はや》され、長い行列ができたり、予約の取れない店に好んで客たちが群れる。敬意の対象は〈食〉や〈いのち〉ではなく、料理人たち。

今一度、食の本来の意を確かめるため、と言えば些《いささ》か大げさだが、集いて食事をしながら、食べられることに感謝し、他のいのちを思いやるのに、食堂は最適の場である。

何カ月も前からの予約も要らず、長い列に並ぶこともなく、ふらりと立ち寄って、美味しさを噛みしめながら、空腹を満たす。外での〈食〉というものは本来そうしたもののはずである。

京都の街に溶けこみ、食を提供し、訪れた人々をしあわせにする食堂。京都に食堂があってよかった。一度でも訪ねれば、きっとそう思うに違いない。

京都しあわせ食堂へようこそ。

食堂は生きています

食堂は生きています。動いています。日々変化しています。

定休日、営業時間、お品書き、価格。まったく変わらない食堂もあれば、常に変化している店もあります。

本書の記述は、著者の実体験（おおむね2013〜2016年）に基づくものですが、必ずしも最新のものとは限りません。したがって、消えたメニューがあったり、値段が違っていたりすることもあるかもしれません。予《あらかじ》めご承知おきください。

写真はすべて著者自身が撮影したものです。備忘録として撮ったものであり、取材撮影ではありませんので、多少のブレなどはご容赦ください。その日、その時のありのままを撮影したものです。

以上をお含みいただいた上で、是非今の食堂の姿をご覧ください。食べてみてください。食堂が生きていることを、必ずや実感されるものと思います。

京都しあわせ食堂

目次

第二章 お昼はやっぱり「麺類・丼もの」

第三章　軽食が美味しい「喫茶店」

第四章 ボリュームたっぷり「洋食堂」

装幀　多田和博
装画　ヒロミチイト

第一章 ▼▼▼ 京都人普段使いの「食堂」

京の食堂

食堂の条件として、あらゆるジャンルの食を網羅していること、が挙げられる。和洋中の別を問わず、いろんな食が食べられる店を食堂と呼ぶのが本来の意。

しかしながら食の専門化が進む中、この条件を満たす店は年々少なくなっている。洋食もあり、うどんや丼、カレーライスからラーメンに至るまで、およそ考え得るあらゆる食を揃えている店を見つけるのは、今の時代、とても難しい。

僕が子どものころだから、半世紀ほど前までは、どこの町内にもこういう店が一軒か二軒は必ずあった。店で食べられるのはもちろんのこと、電話で頼めば出前をしてくれ、かつ手ごろな値段だった。

父親はカレーライス、母親は鍋焼きうどん、姉が五目ソバ、僕がハンバーグ定食などと、てんでバラバラな注文をしても、ちゃんとどれもが熱々で届くことが不思議でならなかったのも今は昔。

今の言葉で言えばデリバリー。それはほとんどが専門店。最も多いのがピザ屋だろうか。サイドメニューを除けばピザしか届けてくれない。

出前はともかく、多種多様なメニューを揃えた食堂は減ることこそあれ、増えることはない。チェーン店を除けば、という但し書きが付くのではあるが。

「やよい軒」だとか「大戸屋《おおとや》」などは、日本全国津々浦々に店舗網を広げ、定食を中心として、同じようなメニューで客を集めている。

一方で、地名を冠した食堂もチェーン展開していて、共通のロゴ書体を採用しているので、容易に判別できる。

前者も後者も、見た目にはありふれた食堂なのだが、大きな企業が運営しているという共通点があり、基本的にどこで食べても同じようなメニューだというのが、興を削《そ》ぐ。

食堂というからには、企業ではなく家業であってほしい。できれば夫婦ふたりが主体となり、あとはアルバイトがひとりかふたり。それを理想として、仮に支店を持つような店であったとしても、それぞれにメニューが異なり、独自性を発揮できる食堂として営んでもらいたい。それでいて京都限定チェーン展開なら、食べに行く価値はあると思う。

食堂に入って、何が愉《たの》しいかといって、豊富なメニューの中から、さて今日は何を食べようかと思い悩む時間である。あれも食べたい、これも食べたいと迷いつつ決断をする。これが食堂の醍醐味である。

本書ではタイトルに食堂と謳《うた》ってはいるが、店名には必ず入っているわけではなく、僕のイメージとして、食堂的雰囲気を持っていれば、ご紹介することとした。

——うちは食堂なんかじゃない——

そうおっしゃる店もあるやもしれぬが、ご容赦いただきたい。

——ここを食堂と呼ぶのはいかがなものか——

そうおっしゃる読者もあるやもしれぬが、こちらもご容赦いただきたい。

本章では、本来の意に近い食堂を集めてみた。是非お愉しみいただきたい。

「篠田屋」皿盛とはなんぞや ▼▼▼MAP C①

初めてこの店に来たのは、はたしていつだっただろうか。少なくとも大学生のころには、ここに来て中華そばを食べたような記憶がある。

僕は大阪の大学に通っていて、三条京阪駅《さんじょうけいはん》は毎日必ず通過するターミナルで、授業が終わって自宅に戻るとき、ここで京阪電鉄から市バスに乗り換えていた。若いということは、すぐに空腹を覚えるもので、家の晩ごはんまで待つことができず、ターミナルのすぐ傍にあるこの店で、中華そばやカレーを食べていた。

「篠田屋《しのだや》」の店の内外は、そのころから少しも変わっていないように思える。

入口のドアもたしかこんなふうだった。店に入っても同じ。テーブルと椅子の配置、壁に貼られた品書き。まるで映画のセットでもあるかのように、五十年ほど経っても変わらない店というのは、いかに古都京都といえども、そうそうあるものではない。

とにかくは空腹を満たすことが先決で、じっくり味わうこともなかったが、何度も通ったのだから、そのころからきっと今と同じ味わいだったのだろうと思

「篠田屋」の店内

う。

〈皿盛〉六百五十円などというメニューは、今になってみれば、ほかの店で食べることのできない個性的な料理だが、当時は普通のカツカレーとして食べていた。〈中華そば〉五百円しかり。屋台で食べるそれに比べて、うんとあっさりした味だが、そのころのうどん屋さんでは、たいていこんな〈中華そば〉がメニューにあった。

と、今の「篠田屋」では、〈皿盛〉と〈中華そば〉が二大人気メニューとなっていて、遠来の観光客は、たいていがこのふたつのうちのどちらか、或《ある》いは両方を食べている。

「篠田屋」の〈皿盛〉

しかしながら、この店はその専門店というわけではなく、四百円の素うどんから、四百五十円のきつねうどん、五百五十円の天ぷらそばなどの麺類全般から、六百円の親子丼、六百五十円のかつ丼などの丼ものまで豊富にメニューの揃う、しごく普通の食堂なのである。

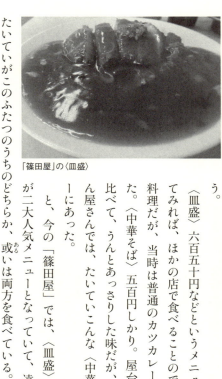

古くからある、こうした京都の食堂に人気が集まるのは、悪いことではないのだが、ネット情報が偏りすぎた結果、ごく一部のメニューにオーダーが集中するというのは、良い傾向とは言えない。

少し前だと下河原《しもがわら》の店。にしんそばをはじめとして、麺類丼もの全般を商《あきな》う店なのだが、親子丼に人気が集中し、それを目当てに長い行列までできる店となってしまった。店側がそれを良しとしているのかどうか、僕には分からないが、他のメニューに見向きもせず、他の客と同じものしか食べないというのは、なんとももったいない気がする。

本書の趣旨のひとつとして、行列ができるような人気集中店は紹介しない、がある。一過性のブームになるような店は、わざわざ紹介しなくてもいいわけで、かねてから僕が主張しているのは、せっかくの京都に来て、ただそれを食べるためだけに長時間を費やすのは無駄だということ。店によっては一時間以上も待つことがあるようだが、その一時間があれば、どれほど多くの京都を観ることができるか。

限られたメニューに人気が集中すると、行列店になる恐れがあり、この「篠田屋」も危険水域に入った気がする。是非とも、ふつうの親子丼やきつねうどんも食べてほしいところだが、それでもこの店ならでは、というなら〈デラックス丼〉をお奨めしたい。

天ぷらと落とし卵、そして牛肉、たっぷりの青ネギが載った丼。一見すると、ただいろんなものを寄せ集めただけに見えるが、食べてみると、これが実によくできた丼だと分かる。天ぷらだけ、牛肉だけ、卵を絡めた天ぷら、卵を絡めた牛肉、と味に変化を付けながら食べると、たしかにこれはデラックスだと思うに至る。薄くなく、濃くもなく、丼つゆの味も絶妙で、これで七百円というのもありがたい。朝十時半の開店から十一時くらいまでがねらい目。待たずに入れる。

「キッチンりゅうかい」と「常盤」

▼▼▼キッチンりゅうかい：MAP C②
／常盤：MAP C③

寺町三条の二軒の食堂

三条寺町《さんじょうてらまち》。修学旅行生をはじめ、多くの観光客が行き交う界隈には不似合いなような、しかし間違いなく美味しい食堂が二軒向かい合っていて、どちらも個性にあふれ、それぞれ地元客のファンが付いているのか、いつも賑《にぎ》わっている。

多くの観光客は他にお目当てがあると見え、二軒の食堂には目もくれず素通りしてしまうので、昼の時分どきでも、さほど混み合うことなく、ゆっくりとランチを愉しめるのがありがたい。

いつも不思議に思うのは、どちらか一方の店が混んでいると、もう一方の店は空いているという現象。

「キッチンりゅうかい」店頭のサンプルケース

ある日のお昼前、「常盤《ときわ》」は満席だったが、「キッチンりゅうかい」はがらがらだった。

すべてがテーブル席で、赤いチェックのクロスがかわいい。だが客の多くは近所のオジサンたちというミスマッチが、この店の特徴のひとつ。

さてメニュー。軽食、麺類、丼、定食と四つのジャンルに分かれている。

まずは軽食の部。〈カレーライス〉六百円から始まり、〈チキンライス〉と〈焼きめし〉が六百五十円で続き、〈焼きそば〉七百円、〈カツカレー〉、〈オムライス〉の七百五十円まで。

麺類にうどん蕎麦はなく、中華系のみ。〈ラーメン〉は六百円、〈ちゃんぽん〉七百円、〈五目ソバ〉が八百円という設定。

麺類は中華系オンリーだが、丼ものは六百円の〈たまご丼〉、七百五十円の〈カツ丼〉などの和風メニューもある。

そして定食。酢豚、焼肉、トンカツ、ハンバーグ、エビフライの、中華と洋風の五種。すべて九百円。どれもかなりのボリュームなので覚悟が要る。

「キッチンりゅうかい」の〈ラーメン〉

「キッチンりゅうかい」での僕のお奨めは〈ラーメン〉である。
醤油《しょうゆ》ベースのスープ、ほどよく脂身の付いた焼豚、ピンクの縁のかまぼこ、モヤシ、そして中細のストレート麺。ラーメン通ならもっと細かく語り尽くすのだろうが、これでも充分伝わるだろうと思う。あとは食べてみてのこと。
とてもやさしい味わいなのだが、スープの味は、うどん屋さんのそれとは違って、中華色の強い味。〈酢豚定食〉の味もなかなかのものだったから、元は中華屋だったのではないだろうかと勝手に想像している。「りゅうかい」は〈龍海〉だったのでは、と。

情報化時代も行き過ぎるとつまらない。今ではグルメブロガーさんまでもが、取材と称して、店の歴史や料理人の経歴までを細かく聞き出し、それをブログに書く。あっという間に拡散してゆき、店ははだかになってしまう。

こと料理屋に限ったことではないが、何もかもを明かしてしまうのは、はたしていいことなのかどうか。僕などは店を見て、そこで働く人を見て、あれこれ思いを馳せることに愉しみを見出《みいだ》しているのだが。

それはさておき、「キッチンりゅうかい」。ここでのもうひとつのお奨めは〈チキンライス〉。

どことなく中華っぽい味を感じるのは、先の想像の賜物だろうが、ケチャップの甘酸っぱさを丸く包みこむような、やさしい味わいのチキンライスは、しっとりと美味しい。

お向かいにある「常盤」は、和をベースにしながら、カオスに満ちた空気を漂わせ、ただならぬ店だということを店の内外に知らしめている。

お盆の〈送り鐘〉で知られる「矢田寺《やたでら》」と、秋の松茸、春の筍《たけのこ》を商う店「とり市《いち》」の間に挟まれた「常盤」は、その紅白市松模様のファサードに〈善哉〉という金文字を掲げている。それが何を表しているのか、一度訊いてみようと思いながら、いつもお店が忙しそうなので訊きそびれてしまい、三十年ほどになる。

店に入って、デコラ張りのテーブルを挟んで、グリーンシートのパイプ椅子も昔ながらのスタイルそのままで、壁いっぱいに貼られた品書きを見渡しながら、何を食べようかと迷う、愉しい時間。

メニューの豊富さでいうなら、「キッチンりゅうかい」とは比べることも無駄なほど、「常盤」の品数は圧倒的に多い。

五百五十円の〈きつねうどん〉から八百円の〈鍋焼きうどん〉まで、三十種類を超える麺類があり、七百五十円の〈日替わり定食〉から九百八十円の〈ランチ〉まで、ぎりぎり千円以下を守る定食も十種近くあり、赤だし付きの丼ものは、六百五十円の〈きつね丼〉から八百円の〈カレー天丼〉という変わり種まで、十を超える種類がある。

何を食べても普通に美味しく、安くはないが高くもない値段で、食後の満足感は約束されている。

この「常盤」で何をお奨めするか、大いに迷うところではある。

他の店にはないメニューとして、〈ビフカツ丼〉がある。といっても、カツ丼のビーフバージョンではない。玉子丼の上に、ケチャップソースが掛かったビフカツが載っているという、ビジュアルも味も、摩訶不思議《まかふしぎ》な丼なのだ。

何があっても是非食べてほしいというような、強くお奨めをするものではないが、この店に来たなら、一度は食べていただいてもいいのではないか、という緩やかなお奨めメニューである。

「常盤」

京都ではトンカツより、ビフカツが一般的である。牛肉文化は食堂に至るまで浸透している。

通常、カツ丼というものは、カツを卵でとじてあるから、見た目は黄色いものだが、「常盤」の〈ビフカツ丼〉は赤と黄色と茶色の三色。マッチしているような、していないような。

この〈ビフカツ丼〉。僕はまずビフカツを外し、小皿をもらってそこに置く。少しずつケチャップの味がカツに染みてゆく。それを横目にしながら、玉子丼として半分ほどを食べる。ここでいよいよビフカツの出番。少しだけソースを掛け、それをおかずにして、丼のご飯の白いところと一緒に食べる。そのためには、ツユダクの反対、ツユ少なめをリクエストしておくことも忘れてはならない。

さて、お愉しみはこれからである。ビフカツは大きめのものが三切れ載ってくるが、ひと切れを箸でちぎり、細切れにする。それを玉子丼的な要素が強い部分とぐちゃぐちゃに混ぜ、最後にソースを少し垂らす。ここに七味をたっぷり掛けて食べる。この旨さといったら、それはもう。

食堂心得。なんていうほど大げさなものではないが、食堂で愉しむコツのひとつにアレンジ力がある。調味料などを駆使して、自分好みの味に変える。それは食堂だから許されることであって、逆に言えば、食堂ならではの愉しみ方でもある。

「キッチンりゅうかい」と「常盤」。京都でも数少なくなってきた大衆食堂が向かい合っているのは、なんともありがたい。どちらか一軒でもいいが、日を変えてでも両方を制覇したい。さすれば、京都の食堂の奥深さがお分かりいただけるに違いない。

「居食屋 わくわく」
居酒屋ならぬ居食屋

▼▼▼MAP D④

〈居食屋〉というキャッチコピーが付いた店だから、居酒屋のオールデーバージョンだと思えばいい。

ときに自分が何を食べたいのか分からなくなることがある。そんなときはこの店に入ればいい。とにかくメニューが豊富で、たいていのものは揃っているから、好みの違うどうしで来ても、けんかしなくて済む。

店は奥に長く延びていて、右手にカウンター席、左手にテーブル席、奥に座敷席という構成だ。

ひとつ難点を挙げるとすれば、混み合う時間帯に入ると、料理がなかなか出てこないことだ。客席数に対して調理スタッフが少ないからだろうが、そんなときは必ず店の人がその旨伝えてくれるから、それに合わせればいい。

「混んでるので、だいぶ待ってもらわんなりません。それでもよかったらどうぞ」

僕のように気の短い人間は、ここで帰ってしまう。気長に待てる余裕があれば、の

「居食屋 わくわく」

んびりと待つのも一法だ。

或いは早めに攻めるのもいい。十一時の開店と同時に店に入れば、じっくりとランチを堪能できる。

この店の真骨頂は好みのおかずをコンボできることにある。

唐揚げが食べたいけど、トンカツも食べたい。丼だけだと寂しいから麺類も少し足したい。そんな望みをいとも簡単にかなえてくれる。こういう店はありそうで、なかなかない。カロリー高めの料理が多いので、僕はたいていご飯系を少なめにしてもらっている。

唐揚げが五個も付いてボリュームたっぷりの〈若鶏の唐揚げ定食〉、魚と肉の両方を味わえる〈鯖《さば》の生姜《しょうが》煮・肉じゃがの定食〉あたりが、この店での僕の定番メニュー。

鯖の生姜煮。さてこれを食べたいと思ったとしても、なかなか品書きに載せている店は少ない。全国チェーンのそれも悪くはないが、それだったらコンビニのパックを買って、家で食べてもいいかなと思う。

京都には〈鯖の味噌煮〉を名物メニューにした食堂もあって、その店を紹介しようとも思ったが、近年は人気が沸騰し、行列必至の店と化してしまった。二十年ほども前に拙著で紹介したころは、長閑《のどか》な商いだったから、きっとその変貌ぶりに店の人も戸惑っているに違いない。

「居食屋 わくわく」の鯖生姜煮は、家庭的な味わいで、それは肉じゃがも同じ。いわゆるオフクロの味というふうで、食べ終わるころには、ほっこりと心が落ち着いている。が、次から次へとお客さんが入ってくるので、そうそうのんびりはしていられない。速やかに店を出る。といっても、けっして店側から急《せ》かされているようには感じない。のんびりスマホをいじりながら、食後の時間を過ごしているサラリーマンも少なくない。わずかばかりの憩いの時間なのだろう。

ほぼワンコインで食べられる〈きつねうどん〉や〈ざるそば〉もあって、軽く済ませることもできる。

広い九条《くじょう》通に面していて、「東寺《とうじ》」のすぐ傍にあるこの店はどんな空腹でも必ず満たしてくれる、ありがたい食堂である。

「美登利」食堂で鰻を食べる

▼▼▼MAP D⑤

「東寺」の、ちょうど反対側の角。南東角からすぐ。食品スーパーの二階にあるのが「美登利《みどり》」。数ある京都の食堂の中でも、メニューのバリエーションの不思議さからいえば、ここの右に出る店はない。たいていの客はメニューを見て心底驚く。

なにしろ、〈きつねうどん〉五百三十円と、〈うな重〉三千六百円が同じメニューブックに載っているのだ。それだけではない。〈とんかつ定食〉、〈ビフカツ定食〉、〈海老フライ定食〉などの洋食もあり、〈ポークチャップ定食〉などという、今では洋食屋さんですらメニューに載せないような、クラシックなメニューまであるのだ。

雑然とした店の中は、鰻《うなぎ》屋独特の緊張感などまるでなく、ロードサイドにあるファミリーレストランのような気安さが漂っている。

店の真ん中には大きなテーブルがあり、その周りは小上がりの畳席。大テーブルに座ると、向かいの席のオバアチャンは〈肉うどん〉を食べている。

たいていの客はここで迷う。スーパーの二階にある店、うどんか丼でも食べるつもりで店に入って、うなぎ丼を頼めるかどうか。なんだか試されているような気もする。ワンコインでうどんを食べられる店で、二千五百円の〈うなぎ丼〉を頼むのは相当な勇気が要るのだ。

挑まれて逃げるわけにはいかない。初めてこの店を訪れたときは、そんな気分で注文した。

「美登利」の〈うなぎ丼〉

〈うなぎ丼（松）〉肝吸い付き。二千五百円なり。

清水《きよみず》の舞台から飛び降りる、に近い気持ちだった。メニューを閉じて、祈るようにして〈うなぎ丼〉が届くのを待った。

ふと横を見れば、熱帯魚の水槽が無造作に並んでいて、ぷくぷくと小さな泡が上っている。雑誌やコミックが積まれたさまは、ラーメン屋のそれに近い。

はてさて、どんな鰻が出てくるのだろうか。

厨房《ちゆうぼう》と言えばいいのか、喫茶店のようなカウンターの中で、主人とおぼしき料理人が鰻を焼いているようだ。手元がよく見えないので定かではないが、煙や匂いからして、きっと鰻を焼いているに違いない。

関西風なのだろう、蒸しを入れる様子はなく、地焼きしている。五分、十分、鰻の匂いが店の中に広がる。

そうして出てきた〈うなぎ丼〉、実に真っ当なのである。まずもって〈うなぎ丼〉から漂ってくる香りがいい。鰻は江戸風に限るとずっと思ってきた。背開きにし、蒸しを入れてふわりと焼き上げる。蒲焼の真骨頂はこのやわらかさにある。長くそう決め込んでいた。

皮がパリパリというほどではない。かといってゴムのように歯にまとわることもない。至極当たり前のように皮があって、ふっくらとした身がある。

辛すぎず、甘すぎず、タレの味もちょうどいい塩梅《あんばい》だ。鰻を苦手とする人も、この鰻を食べればきっと好きになる。そんな素直な味。

まさかそれを、こんなロケーションにある食堂で実感するとは。

「久しぶりに関西風の地焼を食べましたが、本当に美味しかったです。いつも江戸焼一本やりなんですが」

「おおきに。そこそこの鰻でも、蒸しを入れたら、美味しく感じられます。けど、地焼はそうはいきまへん。ほんまにエエ鰻やなかったら、ふっくら焼きあがりまへんのや」

支払いを済ませて、店主らしき男性としばし談笑。

皮も身も美味しい鰻と、ふっくら固めに炊かれたご飯、そしていい味わいのタレ。三位一体となったうなぎ丼は、こういう食堂で食べると一段と旨く感じられるのが不思議だ。

「玉蘭」学生街の隠れ食堂

▼▼▼MAP E⑥

大通りに面していて、繁華な界隈にありながら、あまり目立つことなく、しかし営々と続いている食堂が、しごく稀《まれ》にだが存在する。

今出川《いまでがわ》通の東大路《ひがしおおじ》通から少しばかり東。京都大学のすぐ近くにある「玉蘭《ぎょくらん》」はそんな一軒。

今出川通といえば京都を代表する大通りのひとつで、京都大学への通学路でありながら、名刹銀閣寺《ぎんかくじ》へ通じる観光道路でもある。春秋の観光シーズンには、しばしば渋滞するという通りに面しているが、地味な店構えゆえか、京都に住む人のあいだでも、この店の存在はほとんど知られていない。

店の前の今出川通は、やや変則なカーブを描いていて、その南側に「玉蘭」がある。

洋風の建物を飾る木製の看板には〈RESTRANT GYOKURAN TEA ROOM〉と洒落《しゃれ》た文字がデザインされている。

漢字の店名からは中華料理を思い起こさせ、英字の表記からはカフェレストランをイメージしてしまう。店の前を通る度に、いったいどんな店なのだろうかと、想像をたくましくさせながらも、なかなか店を訪れる機会がなかった。

吉田山を歩き回って、山を下りてきて、ふとこの店が目に入った。空腹も手伝って、迷うことなく店に入ると、そこには想像していたとはまったく違っていたような、しかし少しは当たっていたような、摩訶不思議なメニューが並んでいた。

Sランチ、Aランチ、Bランチと続き、ビフカツ、エビフライ、ハンバーグなどの洋食系単品定食へと続く。しかしその後に続くのは、焼きそば定食、おでん定食（季節物）、中華そば定食、和定食（日替わり）。つまりは何でもあり定食がずらりと並んでいるのだ。その横にはカレーライス、ハヤシライス、オムライス、焼き飯も当然のように並んでいる。

そして麺類、丼物の項。うどん、そばはそれぞれ十種類以上あり、丼物も親子丼やカツ丼、天丼に加えて鰻丼まである。

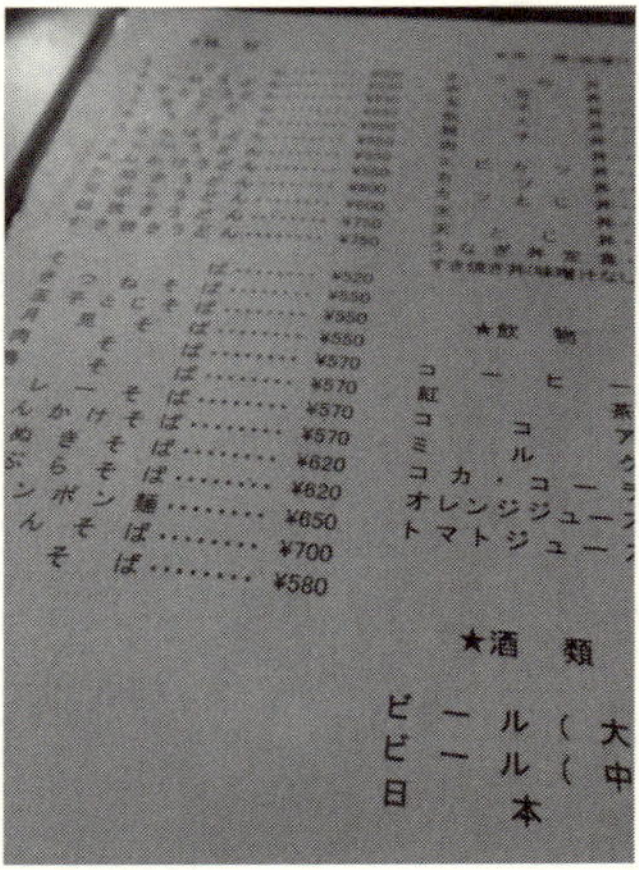

「玉蘭」のメニュー

メニューはこれだけで終わらない。店の中の壁に貼られた品書きや、小さな黒板には、うどん定食、すき焼き丼定食、ネギトロ丼セット、カルビ丼セットなど、各種料理が加わり、まさに満艦飾といったところ。シンプルな外観とはまったく異なるメニューに、さてどれを食べればいいのか、大いに迷うこととなる。

《店でメニュー選びに迷ったときは、一番初めに書かれた料理を選べ》という格言があった（ような気がする）。それに従うならSランチということになるのだが、それはこの店で一番高額なメニューでもあるので、その次の〈Aランチ〉をオーダーした。

エビフライとハンバーグ、サラダが楕円形《だえん》の洋皿に盛られ、ライスもお茶碗ではなく皿盛り。と、ここまでは洋食屋スタイルだが、添えられたのがスープではなく味噌汁というのは定食屋ふう。

いい意味での和洋折衷。ハンバーグには半熟加減が素晴らしい目玉焼きも添えられていて、ハンバーグに

「玉蘭」の〈Aランチ〉

黄身を絡めてご飯に載せて食べたあとに、ひと口飲む味噌汁は、なんとも味わい深い。

年輩のご夫婦らしきふたりで切り盛りする店にハズレはない。その鉄則はここでも例外ではなく、味わい、設《しつら》え、接客、そして価格。すべてに満ち足りて店を後にする。一日でも長く続いてほしい店だ。

「みやこ食堂」西本願寺の近くに格安食堂あり ▼▼▼MAP D⑦

街なかの食堂といって、これほどふさわしい店は他にないだろうと思うのが「みやこ食堂」。

京都駅からもそう遠くなく、世界遺産のひとつ「西本願寺《にしほんがんじ》」がすぐ傍だというのに、この店で観光客らしき姿を見かけたことは一度もない。ほとんどが近所の常連客といったふうで、家族連れ、おひとりおじいちゃん、奥さん仲間。互いに顔見知りならではの会話が交わされる。

であリながら、常連風を吹かせるような客もおらず、店の側も、常連客と一見客《いちげん》と、分け隔てなく接する。

店の外にはサンプルケースと共に、いなり寿司や赤飯などが並ぶショーケースもある。自転車に乗ったオバチャンが品定めしながら井戸端会議、なんていう長閑な光景もいつものこと。

店の前は櫛笥通。京都難読地名のひとつで、〈くしげ〉と読む。櫛笥と言えば、櫛や化粧道具を入れる女性の持ち物を思い浮かべるが、ここは平安京の櫛笥小路に当たる由緒正しい通りの名で、古く櫛笥大納言が住んでいたことに由来する。

店はその櫛笥通と花屋町《はなやちょう》通の南東角にあり、両側に開口部があるせいで、店の中は明るく伸びやかな空気が漂っている。店に入ってすぐ右側にガラスのケースがあって、いなり寿司や鯖寿司、赤飯、巻き寿司、ちらし寿司などが小皿に盛られ、それぞれ値段が付いている。

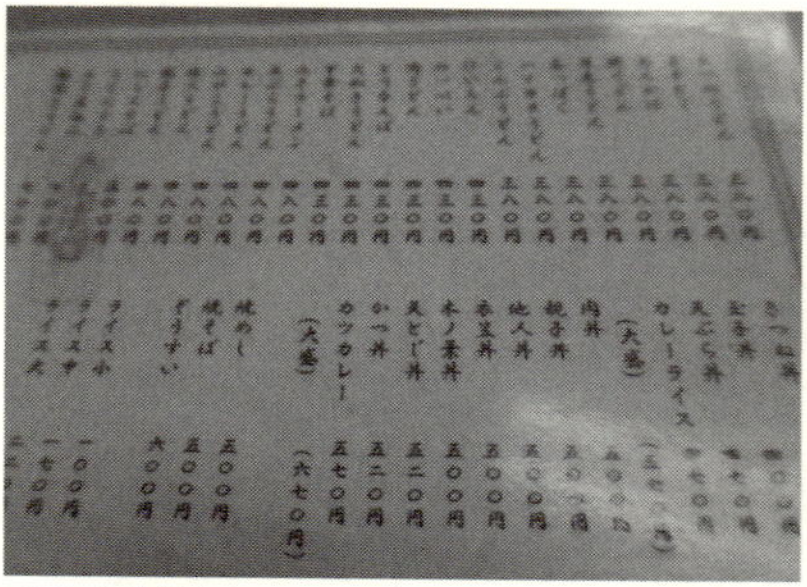

「みやこ食堂」のメニュー表

鯖寿司ふた切れが三百二十円。いなり寿司二個が百六十円。我が目を疑うような格安価格。客はそれを取ってテーブルに置く。そしてメニューを見ることなく注文する、というのが、たいていの客のスタイルだ。

初めてこの店に入ったときは、このシステムが分からず、メニュー表を探していると、すぐに大きなメニューを持ってきてくれた。

大きなメニューの右上には、うどん蕎麦やラーメンなどの麺類が書かれ、その下には丼ものが並ぶ。麺類で一番高いのが、〈鍋焼きうどん〉の七百円、安いのは、〈きつねうどん〉の三百八十円。同じ三百八十円のうどんは八種類もある。

丼ものは〈きつね丼〉の四百円から、一番高い〈カツカレー〉が五百七十円。はたしてこんな値段で採算が合うのかと心配になるほど。

「みやこ食堂」の〈のっぺい〉

僕はここの餡《あん》かけうどんが好きで、そこにいなり寿司を二個加える。〆て五百四十円也。美味しくてお腹いっぱいになる。
まだ食べたことはないが、定食類もいくつかあって、隣の学生ふうの男性が食べていた〈とりのから揚げ定食〉が実に旨そうだった。
丼ご飯、味噌汁と漬物、そして白い丸皿にたっぷり唐揚げと野菜が載って、けっこうなボリューム。メニュー表にはこれで六百三十円とあった。

どれもが京都の中心地にあるとは思えないほど安価なのは、家族経営の店だからだろうと思う。厨房に入るのはご主人で、ホール係はきっと奥さんなのだろうと思う。いつもながら、お店の人とは話をしないので、勝手な推測なのかもしれないが。

夏場には〈かき氷〉もメニューに上り、これもまた二百五十円が中心価格帯という、破格の安さ。週に一度の定休日はあるものの、おおむね朝九時ごろに店を開けて、夜九時ごろまで、十二時間の通し営業だというから、驚くばかり。

最近の京都では、うどんやかき氷を食べるために一時間以上も並ぶ店があるという。しかもそれらはこの店の値段の三倍にも及ぶ。これをして価値観の違い、と言ってしまえばそれだけのことだが。

人気の食に群がるより、誠実な商いに触れるほうが、はるかに心豊かになると僕は思う。

「山の家」繁華街の名食堂

▼▼▼MAP C⑧

繁華街の店は高いとよく言われるが、こと食堂に関してはこの法則は必ずしも正しくない。無論ほとんどがこの法則に当てはまるのだが、古くからある食堂は例外ではないかと思っている。

京都で一番の繁華街といえば、四条河原町《しじょうかわらまち》あたりから四条烏丸《からすま》にかけて。このちょうど中ほど、御幸町《ごこまち》と綾小路《あやのこうじ》が交わる角に店を構える「山の家《やまや》」はまさにその、例外中の例外。麺類をメインにした食堂として、京都市内でも有数の良心的価格を誇る食堂だ。

繁華街とはいえ、そうそう誰もが前を通るような店ではないから、きっと近所の人たちや、この界隈に勤める人たちに向けての店だろうと思う。だが、店の前には英語で書かれた看板があり、外国人観光客をも快く迎え入れる姿勢が見てとれる。

うどんは無論のこと〈NOODLES〉で〈きつねうどん〉は〈Deep-fried-tofu〉だそうだ。丼は〈RICE BOWL〉。〈親子丼〉は〈chicken & egg〉とある。なかなかのものだ。

海外からの旅行者、とりわけ欧米人はコスト意識が高く、より安く美味しいものを、ということを熱心に追求している。きっとそんな彼らの眼鏡に適《かな》い、口コミサイトか何かに紹介されたのだろう。店に入るとそんなバックパッカーが器用に箸を使って、食事をしていた。

けっして広くはない店。テーブル席に腰かけて、スタンド型のメニューを見る。表側は麺類。〈すうどん〉四百円から始まるうどんは二十数種。一番高いのは〈肉なべうどん〉の八百四十円。

続くは中華系。〈中華そば〉は五百七十円で、最高値は〈チャーシュー麺〉の七百四十円。

麺類の最後は冷やしもの系。〈ざるそば〉〈冷やしうどん〉〈そうめん〉は五百七十円。〈冷麺〉が六百七十円で、冷やしものでは一番高い。

メニューの裏側は四つの部門に分かれていて、まずは丼物。〈きつね丼〉の五百五十円から〈すき焼き丼〉七百円まで、十二種類の丼物が、比較的狭いレンジに収まっている。

二つ目の項は洋食。〈オムライス〉が五百二十円、〈ヤキメシ〉〈ドライカレー〉〈チキンライス〉〈ビーフライス〉〈カレーライス〉はすべて五百七十円。

三項目目はその他。〈焼きそば〉〈焼きうどん〉はどちらも五百七十円。〈目玉焼き〉は三百円で〈玉子焼〉は三百五十円。五十円の差は焼く手間の違いだろうか。

ちょっと珍しい品書きに〈ぶため〉というのがある。値段は四百六十円で、〈焼豚のせ目玉〉と但し書きがしてある。これに〈中華スープ〉百五十円と〈ライス小〉百五十円をセットにして、七百六十円ランチとするのが、この店の通っぽい食べ方だろうと勝手に推測する。

「山の家」の〈カレーうどん〉

こういう食堂の何が愉しいかといって、いろんな組み合わせを妄想し、食べた気になれることである。注文する前にそんなことをしていると店に迷惑をかけるので、手早く注文を済ませてから、じっくりと検討するのは次回来店時のためでもある。食堂通いがクセになるのは、こうして——次はこういう組み立てにしよう——とかたく心に誓うからである。

さて、数あるメニューの中から、ここで初めて食べたメニューは〈カレーうどん〉五百七十円。初めての店での〈カレーうどん〉は僕がよくやるパターンで、これが好みと一致すると、他のものもたいてい口に合う。

細切りにされた油揚げもたくさん入っていて、出汁《だし》の加減、餡のとろみ、カレーの辛さなど、すべてが好みに合い、満足満腹でお勘定。と、ふと目に入ったのが壁に貼られたサービスメニュー。

好きな麺類にミニ丼を付けられるとあり、三百円ものと四百円ものの二種があるようだ。逆に丼物に二百五十円プラスでミニうどんが付けられるとも書いてある。

よし、次回はこのパターンにするぞと決めて、意気揚々と店を出たのであった。

「御食事処 みなとや」
僕のご近所食堂

▼▼▼MAP B⑨

室町《むろまち》通北大路《きたおおじ》通、東南角にある「御食事処 みなとや」。僕には最も馴染《なじ》みの深い、ご近所食堂である。

ここから室町通を南へ、百メートル足らず下ったところに、紫明《しめい》小学校があり、それはすなわち、我が母校である。三年生のときに紫明小学校に転校してきて、僕は四年間ものあいだ、この食堂の前を通って学校に行っていた。五十年以上も前のこと。無論のこと、小学生が通学路にある食堂に入り込むようなことはなかったが、前を通る度にお腹が鳴っていたような記憶がある。

時を経て、小学生は歯科医となり、午前と午後の診療の合間に、この「みなとや」でランチを愉しむことになる。三十五年ほど前のことだったか。

爾来《じらい》、何度この店に通ったことか。今も時折、懐かしいガラス戸を押して店に入ると、音を立ててお腹が鳴る。

「御食事処 みなとや」の〈B定食〉

ここ「みなとや」も一般的な食堂と同じく、麺類、丼物、そして定食と洋食。昼どきにお腹が空いて、頭に思い浮かぶものはたいていメニューにある。

この店で一番よく食べるのは〈B定食〉。エビフライ、白身魚フライのミックスセット。六百五十円だが、ライスを小にすると六百円。どう考えても安い。付け合わせのオニオンリングはもちろん、フライはどっちも揚げたてで、添えられた焼きそばのようなスパゲティも、ほんのり温かい。少しばかり、やわらかめのご飯も美味しいし、豆腐の赤だしもちゃんとした味噌汁。

おふくろの味、という言葉が適当なのかどうかは分からないが、家庭のぬくもりを感じ取れる料理であることは間違いない。その証左とも言うべきメニューが〈ハムカツ定食〉。

薄いハムにコロモを付けて揚げたハムカツ。家でよく食べた記憶がある。肉よりは安上がりで、かつ独特の美味しさがあって、子どものころから今に至るまで、僕の大好物である。

ハム二枚分になるのか、大ぶりのハムカツが四切れ。これも〈B定食〉と同じく六百五十円。いつものようにライスを小にして六百円。更に、木曜日は〈ハムカツ定食〉が日替わりサービスメニューになり、五十円引きになるから、ハムカツファンは是非、木曜日に。

月曜日から土曜日まで、毎日四つのメニューが日替わりサービスメニューになり、割引価格となる。火曜日の〈カツ丼〉、水曜日の〈からあげ定食〉の人気は特に高い。通常のメニューでも充分お値打ち価格なのに、それを更に割り引いてもらうのは、なんだか申しわけないが、やっぱり嬉しい。

と、しかし、この店で美味しいのは定食だけではない。

定食以外で、僕のお奨めは六百五十円のオムライス。

最近はふわとろ系に人気が集まっているようだが、僕は薄焼き卵でかっちり巻いたほうが好きだ。

かつてオムライスといえば、決まってこういう味だった、と誰もが納得する味。

タマネギと鶏肉を刻み、ご飯と一緒に炒めてケチャップで味を付けたチキンライス。これをバターで味付けした薄焼き卵で巻く。上からケチャップソースをとろりと掛けたら出来上がり。

スプーンを入れると、赤いご飯の間からふわりと湯気が上る。そう、熱々なのだ。すべてライスものは熱々でなければならない。冷めた焼飯なんかが出てくると、こっちが熱くなって、頭から湯気が出てくる。

ケチャップライスの中に、グリーンピースが混ざっているのも好ましい。彩りだけではなく、ぷちっとした歯ごたえもいいアクセントになる。

洋食屋では少しばかり気が引けて、ソースを掛けることがはばかられるが、食堂なら遠慮は要らない。卓上に常備されたウスターソースを回し掛けると、また味が変わって最後まで美味しく食べられる。

「みなとや」に来るといつも、食堂っていいなぁ、とつくづく思うのである。

「京極スタンド」京のオアシス

▼▼▼MAP C⑩

この店を食堂と書くことには、少しばかりのためらいがある。

新京極通《しんきょうごく》、四条上《あが》る。多くの人々が行き交う通りにあって、昼から夜まで、引きも切らず客が訪れる「京極スタンド」。この店ほど多彩な客を受け入れる店は、他に類を見ない。

昼十二時の開店を待ちわびていた、近所のご老人が急ぎ足で暖簾《のれん》をくぐる。その後を追うかのようにして、制服姿の修学旅行生が、男女混合のグループを作り、丸テーブルを囲む。

店に入って右側は、客と客が向き合う形の、長い幅広カウンター席。左側には丸テーブルがいくつか並ぶ。相席になっても、さほど苦にならないのが、この店の不思議なところで、初対面の客どうしが言葉を交わすことは、けっして珍しい光景ではない。

――どこから来たんや――

昼酒を愉しみながら、老人が修学旅行生に訊ねる。

――岡山から来ました――

定食を食べながら男子生徒が答える。

――これからどこ行くんや――

――清水寺です――

カレーライスを食べて、女子生徒が答える。

居酒屋的であり、食堂的でもある。それが「京極スタンド」。

とにかくメニューは豊富である。和食、洋食、中華、そして酒のアテ。すべて合わせると、おそらく百近くあるのではないだろうか。

「京極スタンド」

「京極スタンド」の〈ラーメン〉

洋食系なら〈とんかつ〉、〈エビフライ〉、〈ミンチカツ〉に〈オムレツ〉、更には〈牛ステーキ〉。

定食もたくさんある。〈鶏のから揚げ定食〉、〈おでん定食〉、〈お造り定食〉、〈煮込みハンバーグ定食〉。

中華は〈焼き飯〉、〈焼ビーフン〉、〈中華丼〉、〈ラーメン〉〈しゅうまい〉に〈揚げそば〉。

酒のつまみとなると、〈わかめ酢の物〉、〈湯豆腐〉、〈鰻《う》ざく〉、〈さば煮つけ〉〈じゃこおろし〉、〈丸干し〉。

メニューにないものを探したほうが早い。

数多《あまた》あるメニューの中から、何をお奨めするか、大いに迷う。どれを食べても美味しいからなのだが、あえて絞り込むなら、〈ラーメン〉。

ラーメンというより中華そばと呼んだほうがいいほど、実にあっさりした味わいで、澄んだ醤油スープに、細い麺が絡み、昔懐かしい味わい。チャーシューもしっかり二枚載っていて五百円は、かなりのお値打ち価格といえるだろう。

僕はこの店に来ると、たいてい飲んでしまうので、〈ラーメン〉はメになる。〈ポテトサラダ〉と〈ハムかつ〉でまずはビール。その後はワインに切り替えて、〈オムレツ〉と〈しゅうまい〉あたりを追加。どれもボリューム満点なので、お腹は充分膨れているのだが、〈ラーメン〉の味を思いだすと、注文せずにはいられない。

飲んで、食べて、一軒の店で完結するのがありがたい。もちろん、お酒など飲まずに、ただただ〈カツカレー〉や〈ビフカツ定食〉、或いは〈日替わり定食〉に舌鼓《したつづみ》を打つ客もたくさんいれば、のどの渇きを潤すためにジュースだけを飲みに入る客もいる。〈オレンジジュース〉は百七十円。きっと修学旅行生の財布を考えての値段だろうと思う。京都人にとっても、遠来の旅人にとっても、「京極スタンド」は新京極のオアシスなのである。

「三高餅」エリートが通った食堂？

▼▼▼MAP E ⑪

出町柳《でまちやなぎ》駅から東へと延びる道は細く、車一台通るのがやっと、という狭さだが、筋を数えて三つほど進むと少し広くなる。

やがてその道は、通称〈百万遍《ひゃくまんべん》〉、東大路今出川の交差点へと通じ、その途上、南側に「三高餅《さんこうもち》」という食堂がある。

いささか旧聞に属するが、女性が結婚相手の男性に求める三つの条件を〈三高〉と呼んで、それは高学歴、高収入、高身長だったか、高地位だったか。バブル期に囃《はや》された言葉だ。

この店の屋号を見て、そんなことを思いだす向きもあるだろうが、この店の〈三高〉は、旧制第三高等学校を略して呼んだ〈三高〉である。

高学歴の出世コースを〈一中、三高、東大〉と呼ぶ時代があったのだから、あながちバブル期の〈三高〉も的外れとは言えないかもしれない。

〈三高〉は、今の京都大学総合人間学部の前身といわれ、その学舎近くに店を構えたことから「三高餅」と名付けられたのだろう。

以前はレトロな外観で、看板にも和菓子という文字があったが、改装後は〈生そば〉に変わり、和菓子は消えた。

京都にはほかにも〈相生餅《あいおい》〉、〈千成餅〉、〈大力餅〉、〈力餅〉など餅という字を冠した店名の食堂があり、餅菓子を発祥とし、後に麺類を中心とした食堂へと変化していった店が多く存在する。

今も餅菓子を店頭で売りながら、奥で食堂を営むというスタイルの店も少なくないが、「三高餅」は食堂専門へ舵《かじ》を切ったのだろう。

さほど広い店ではないが、いつ行っても、ほどほどに客が入っていて、昼どきのピークを外せば、スムーズに食事ができる。

「三高餅」

ブック形式のメニューを開く。右側が麺類、左側が丼物。学生街の店だけあって、価格は抑えめ。八百円を超えるものはない。

一番高い、七百九十円の〈鍋焼きうどん〉は僕のお奨めでもある。

海老天と野菜かき揚げの、ふたつの天婦羅が入り、板麩《いたふ》やかまぼこが周りをかためる。うどんは京都ふうのやわらかさで、それに絡む出汁の味わいは甘くなく、辛くなく、ほどのいい加減。ほっこりする味わい。

この店のイチオシはと問われれば、迷わず〈肉カレー中華〉と答える。僕だけでなく、多くがそう思っているのだろう。店の前に立つと香ばしいカレーの匂いが漂ってくるほどの人気メニューだ。

カレーラーメンとは一線を画し、しかしカレーうどんのようなまろやかさでもなく、独特の味を生みだしている。

中細のストレート麺が美味しい。あふれそうに鉢いっぱいに張られたスープが、想像以上にスパイシーで、どろりと濃厚な口当たりが満足感を高める。

スープがたっぷり残るので、〈ライス小〉を追加して鉢にほうり込む。〆て八百十円也。

この店の丼は、二百円プラスすれば、〈ミニそば〉か〈ミニうどん〉を付けることができるので、〈きつね丼〉に〈ミニうどん〉を付けて七百七十円というお値打ち丼

「三高餅」の〈鍋焼きうどん〉

セットという手もある。

かつてはきっとエリートたちが足繁く通ったのだろう食堂も、今は凡人でも気軽に入ることができ、適価でお腹いっぱい食べられるのが嬉しい。

「寺子屋」梅小路近くの食堂

▼▼▼MAP F⑫

かつては駅裏の街はずれという印象が強かった梅小路《うめこうじ》界隈。水族館ができて以来、俄然《がぜん》注目を浴びるようになり、二〇一六年四月に「京都鉄道博物館」がオープンしてからは、ますますその勢いを増していて、週末はもちろんのこと、平日でも多くの客で賑わっている。

多くの観光客、とりわけ家族連れ客は、梅小路公園を出ると、東方向に向かう。つまりは京都駅を目指すのだろうが、反対方向、西へ向かうと、東海道本線の西大路《にしおおじ》駅へと辿る道筋になる。

その途上にある「寺子屋《てらこや》」は、目立たぬ構えながら、界隈随一の人気食堂で、地元

「寺子屋」店内の壁一面の品書き

客に愛され続けている。

八条《はちじょう》通と御前《おんまえ》通が交わる変形四叉路《しさろ》の、西北角あたり。瓦葺《かわらぶき》の小屋根の上に「寺子屋」と墨書された木製の看板が上っている。入口には暖簾がかかり、その横には〈お食事処〉と記された赤い提灯《ちょうちん》が下がる。なんとも気安い雰囲気だ。

店に入ってすぐ右手には、スーパーにあるような冷蔵ショーケースがあり、お惣菜《そうざい》のパックが並んでいる。

この食堂は惣菜店も兼ねていて、手作りの惣菜は朝十時半から販売される。そして食堂は十一時から。

当然ながら店の中もいたって気軽な雰囲気で、壁一面に品書きがぎっしりと貼られている。

テーブル席が十二人分ほどと、奥にカウンター席が四席ばかり。カウンターで仕切られた奥の厨房で料理を作るのは奥さんらしき年輩の女性で、ホール係はそのご主人と思われる同年輩の男性。

僕はたいていカウンターの隅っこの席に腰かけて、料理を作る様子を見ながら、出来上がりを待つことにしている。

メニューは豊富で、麺類、丼もの、定食類。洋風のライスものはない。どれも美味しいが、〈トンカツ定食〉が僕のこの店での定番。

「寺子屋」の〈トンカツ定食〉

注文が通ると、豚肉を取りだし、手際よくコロモを付けて油の中に入れる。

この間、ひっきりなしに電話がかかり、主人は出前の注文を聞き、メモに控える。電話の切り際にたいていこう付け加える。

――ちょっと混んでますんで、少し時間をもらいます――

十数席の客の料理を作りながら、その合間を見て、出前用の料理を奥さんひとりで作るのだから大変だ。

それでも要領よく作り上げると、主人が保温用のラップを掛けて、岡持《おかもち》に入れる。

――出前の料理上がったで――

そう叫ぶと、どこからか出前の配達青年が現れて、さっそうと出前に向かう。

と、こういうシステムの店なので、待ち時間を飽きることなく過ごせる。

やがて出来上がった〈トンカツ定食〉はお盆に載せられ、主人が運んでくる。

白い丸皿には、どろりとした濃厚ソースが掛かった厚めのトンカツ、胡麻マヨネーズ系のドレッシングが掛かった千切りサラダ、ホイルカップに入ったマカロニサラダが、隙間なく盛られている。

白ご飯は飯茶碗にこんもり。豆腐の味噌汁はいくらか濃いめの味。これに漬物の小皿が付く。〆て八百二十円。

本格ドミグラスソースではなく、普通のトンカツソース。これがいい。食堂ならではの、ご飯のおかずとしてベストなトンカツ。脂身が少なめで、ほどほどに分厚い。数切れに切り分けられたカツは、容易に前歯で噛みきれ、ソースが染みたご飯を、カツと一緒に口にほうり込むと、得も言われぬ幸福感に包まれる。

年輩の女性が作るからなのかもしれないが、子どものころに、母親が作ってくれたトンカツは、こんなふうではなかったか。この店のトンカツを食べると、いつもそう思う。やっぱり家族で営む食堂はいい。帰り際にお惣菜を横目にしながら、そんな思いを新たにする店。「寺子屋」という店名は言いえて妙である。

「天下の焼肉 大将軍 京都駅前店」
焼肉ランチかバリエーション豊富な定食か！ ▾▾▾MAP D⑬

しごくたまにだが、昼から焼肉を食べたくなることがある。疲れがたまっているとき。勢いを付けたいとき。

そうは言っても、昼間から営業している焼肉屋は、京都には少ない。そんな数少ない焼肉屋が京都駅のすぐ近くにあって、しかもそこは焼肉のみならず、食堂然としたランチメニューが揃っているのだ。本格焼肉店が昼は食堂に早変わり、といったふうな店。

昭和二十七年の創業だから、僕と同い年ということになる。今でこそ京都の街なかには焼肉屋があふれ返っているが、当時は数えるほどの店しかなく、その中でも「大《だい》将軍《しょうぐん》」は〈天下の焼肉〉というキャッチコピーと共に、よく知られた存在だった。阪急電鉄京都線の四条大宮《しじょうおおみや》駅前に店があって、親に連れられて何度か食べに行った記憶がある。

その店の京都駅前店は、京都タワーの西隣のビルの二階にあって、すこぶるアクセスがいい。

広いスペースにテーブル席が並び、カウンター席はないが、ひとりでも快く四人掛けのテーブル席に案内してくれる。

焼肉屋だから、当然テーブルの真ん中には無煙ロースターが設置されていて、肉を焼く芳《こう》ばしい薫りがあちこちから漂ってくる。

ランチタイム専用の手軽な焼肉メニューがいくつかあって、それをオーダーするとロースターのスイッチが入る。

僕のお奨めは〈ハラミ定食〉千百五十円。何グラムあるのかは分からないが、ランチとしては充分な肉の量で、焼野菜が添えられている。生野菜のサラダ、キムチ、ナムル三種盛り合わせ、味噌汁とご飯。テーブルが一気に華やかになる。ご飯は大中小から選ぶことができ、価格は同じだから大食漢にとっては嬉しい設定。

タレをからませた肉を、ひと切れずつ大事に焼く。付けダレは、濃厚と薄味の二種。焼いてはご飯に載せ、を繰り返し、合間にナムルやサラダを食べる。肉を食べると言いながら、野菜もたっぷり摂れるのがいい。

焼肉ランチは他にも〈和牛ロース定食〉、〈和牛カルビ定食〉があり、自分で焼くのが面倒だという人のために〈焼肉弁当〉もあり、こちらは八百五十円と、かなりリーズナブルだ。

「天下の焼肉 大将軍 京都駅前店」の〈ハラミ定食〉

焼肉以外にも〈すき焼き定食〉や〈味噌チゲ定食〉などもあり、更にはアラカルトの〈韓国冷麺〉や〈ピビンバ〉もあり、ランチバリエーションは豊富。

と、しかし、これだけで終わったのでは、食堂という言葉にはふさわしくない。実はこの店には、一般的な焼肉屋にはけっして存在しないランチメニューがある。

まずは洋食。

〈トンカツ定食〉、〈チキンカツ定食〉、〈ハンバーグ定食〉、〈鶏の唐揚げ定食〉の四種が定番。味噌汁とご飯、食後のコーヒーが付いて、いずれも八百二十円。これもお値打ち価格と言えるだろう。

更には、うどん定食もある。〈肉うどん定食〉、〈天ぷらうどん定食〉、〈九条ねぎと油かすのうどん定食〉の三種。いずれもご飯と漬物、惣菜一品が付く。

焼肉屋ならでは、たっぷりの肉が入った〈肉うどん〉は実に旨い。やや濃いめに味が付いているので、具の肉を白ご飯に載せて食べるのもいい。これほどご飯に合う〈肉うどん〉は他にない。

焼肉屋でありながら、洋食ランチ、うどん定食まであるのだから、ランチタイムに限っては食堂と呼んでもいいだろう。ちょっと珍しい食堂のご紹介。

「ひゃくてんまんてん」
悦楽のダブルカレー

▼▼▼MAP C ⑭

いつかカレーの本を出そうと思っているほど、僕のカレー好きは重症だ。かの日本人大リーガーに倣って、毎日カレーを食べ続けようかと思ったこともある。

とは言っても、スパイスにこだわるような、カレーマニアではなく、ふつうのカレーが好きだ。グリーンやレッドなどのアジア系や、ナンで食べるような本場インドのカレーではなく、街の食堂のライスカレーだとか、うどん屋さんのカレーうどんに強く魅《ひ》かれる。

つまりは日本風にアレンジしたカレーが好きなのだ。

チェーン店であっても一向にかまわない。「ＣｏＣｏ壱《いち》」の〈ロースカツカレーライス二百の三辛〉だとか、「カレーハウス サンマルコ」の〈オムカレー 牡蠣《かき》フライ三個トッピング〉なんかは、シーズン中何度も食べに出かける。

日本ふうのカレーなら何でもいいのだが、中でもカレーラーメンには目がない。ラーメン店や中華食堂のメニューに載っていれば、必ず頼む。本書でも何軒か紹介している。

三条高倉《さんじょうたかくら》から少し西に入った南側に、ラーメンとカレーを二大看板メニューにしている店があり、その名を「ひゃくてんまんてん」という。〈京都で一番うまい！〉と書かれた看板もあり、その自信のほどがうかがえる。

店は階段を上った二階にあって、思った以上に広い。テーブル席がいくつもあり、店の真ん中にはカウンター席が設えてある。僕はいつもこのカウンター席。間仕切りを挟んで、向かい合わせになった席がおもしろい。

さてメニュー。カレー専門店かと思いきや、普通のラーメンや餃子《ギョーザ》、洋食メニューまで揃っているのだ。

〈唐揚げ定食〉〈ハンバーグ定食〉〈とんかつ定食〉はどれも千円以下なのが嬉しい。若いころなら〈とんかつ定食〉と〈カレーラーメン〉を頼んで、カツカレーラーメンにするところなのだが。

お目当てのカレーメニューは、〈カレーラーメン〉、〈カレー冷麺〉、〈カレーうどん〉、〈カレーつけ麺〉、〈カレーライス〉と五つ。

当然ながら〈カレーラーメン〉をと思って、よく見ると気になるメニューがあった。〈餃子〉や〈唐揚げ〉、〈ライス・キムチ〉などを麺とセットにできるとあり、その中に〈ミニカレー〉もあったのだ。

持ち前の好奇心がここで湧きあがらないはずがない。〈カレーラーメン〉と〈ミニカレー〉をセットにするという、通常ではあり得ない組み合わせを思いついた。カレー&カレー。生まれて初めての経験を前にして、胸を躍らせて、料理が届くのを待った。

先に来たのは〈ミニカレー〉。ミニとは思えないほどに、しっかりとしたカレーライスが丸い洋皿に盛られている。粘度は高く、具の牛スジも混ざっていて、欧風カレーの趣き。少食の人ならこのひと皿でも充分満足できるだろうと思う。

「ひゃくてんまんてん」の〈カレーラーメン〉

三分の一ほど〈ミニカレー〉を食べたあたりで、黒いラーメン鉢に入った〈カレーラーメン〉が届く。

色目としては〈ミニカレー〉とよく似ているが、粘度は低く、細めのストレート麺によく馴染む。分厚いチャーシューとたっぷりのネギは、カレー味のスープと相性もよく、完成された形になっている。

どちらも八割がた食べ終えたところで、ちょっとした実験を試みた。

〈カレーラーメン〉から麺を取りだし、〈ミニカレー〉のカレーソースにまぶしてみた。その逆バージョン。カレーソースが掛かっていない白ご飯を、〈カレーラーメン〉のスープに投入してみた。はたしてその結果やいかに。

意外なほどに、どちらも美味しかった。どろりとしたカレーソースにまみれた中華麺も美味しいし、カレー雑炊といった趣きのご飯もなかなかの味だった。

「ひゃくてんまんてん」で得た結論。カレーと炭水化物は、どう組み合わせても美味しい、だった。

「たつ㐂」
安旨とんかつ

▼▼▼MAP B⑮

食堂にとってたいせつなことは、一にも二にも清潔感である。

忙しさを極めるランチタイムは仕方がないとして、開店直後に入って、店の中が乱雑だと食欲が減退する。

いつ行っても店の中は整然と片付けられていて、とりわけ卓上の調味料類がきちんと整頓されていると、気持ちよく食事ができる。

新町《しんまち》通今宮《いまみや》上る。古くからある「たつ㐂《き》」はそんな店。京都に住まう人にもほとんど知られていない穴場の食堂。

グリーンのテント、白い暖簾は昔と何も変わらないが、まったく草臥《くたび》れたふうに見えないのは、きっとたえず手を入れているからだろう。

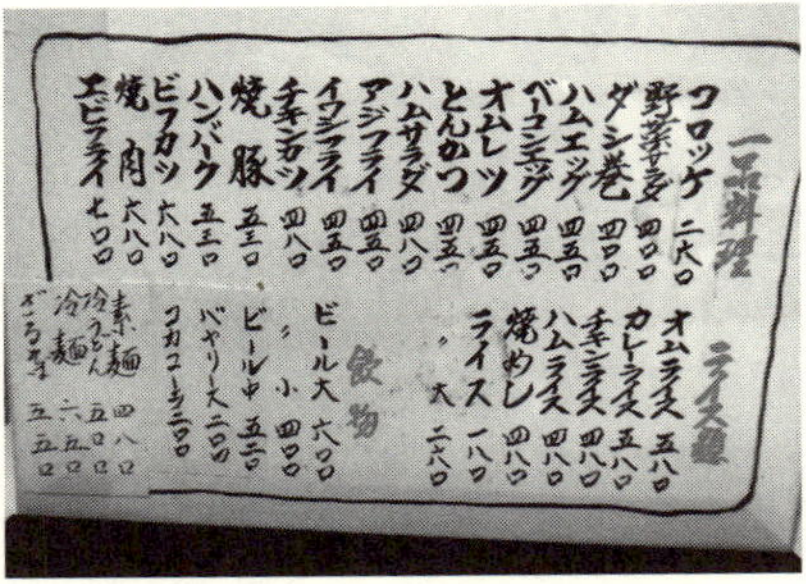

「たつ㐂」のメニュー表

定食類から、麺類、丼ものと、なんでもある食堂だが、白い暖簾に豚のイラストが描かれ、その真ん中に〈かつ〉という字が書かれているとおり、名物は〈とんかつ〉。

外観だけでなく、店の中も昔とちっとも変わらない。でも、なんだか椅子は真新しいような気もする。

椅子のシートはほころび、色あせたカーテンはところどころ糸が切れている。床はでこぼこで、デコラテーブルの脚がちぐはぐで、がたついている。そんな店もあっていいとは思うが、やはり気持ちよく食事するためには、メンテナンスが行き届いていないと気持ちが萎えてしまう。

「たつ㐂」の〈とんかつ〉

テーブルも椅子も整然と調えられ、客を待ち受けている。迎えてくれるのは店の主人。いつ行っても主人ひとり。料理も接客もすべてひとりでこなす。さて何を食べようか。

透明のプラケースに入ったスタンド式のメニューは食堂ならでは。

どっちが表かは分からないが、片面には丼ものと麺類。その反対側には一品料理とライス類、そして飲み物。

一品料理で一番安価なのは〈コロッケ〉で、わずかに二百六十円。

〈うどん〉は三百八十円で、〈玉子丼〉は四百八十円。〈チキンライス〉四百八十円が安くて美味しい。ボリュームもしっかり、味も普通に美味しい。

一番のお奨めは〈とんかつ〉。単品だと四百五十円。

注文が通ってから、肉を切り、コロモを付けて揚げる。キャベツの千切りとポテトサラダを枕にして、丸い洋皿に盛られてくる。たいてい六切れ。とんかつソースがどろりと掛かる。

百八十円の〈ライス〉と共に。つまりは六百三十円のランチ。

少し贅沢するなら、百二十円の〈味噌汁〉と、同じく百二十円の〈冷奴《ひややっこ》〉を追加。それでも八百七十円。

ブランド豚だとか、厚さがどうだとか、二千円近くするようなとんかつ専門店より、こういう〈とんかつ〉のほうが、親しみを持てる。

〈とんかつ〉が一番のご馳走だった時代を彷彿《ほうふつ》させ、手ごろな価格で美味しい〈とんかつ〉が食べられる店。

日曜日以外は毎日、朝十一時に店を開けて、夜八時までの通し営業。食堂らしいと言えば、これほど食堂らしい空気を漂わせる店もそうそうない。

よほどのことがなければ混み合ったりもせず、いつでも、食べたいときに食べられる店。「たつ㐂」という店の名を覚えておけば、きっと重宝する。

「まつもと食堂」

学生食堂並みの値段で美味しいランチ

▼▼▼MAP B⑯

烏丸鞍馬口《くらまぐち》東入る。地下鉄烏丸線の鞍馬口駅から歩いて五分ほど。鞍馬口通に面して、いかにも食堂らしい気軽な構えで建っているのが「まつもと食堂」。

かつてはすぐ傍に予備校があり、多くの生徒たちで賑わっていたが、少子化の影響を受けてか、廃校を余儀なくされ、今ではいくらか閑散とした住宅街になっている。

そんな中にあっても、地元民のみならず遠来のファンも足を運ぶ「まつもと食堂」の人気の秘密。それは食堂の原点とも言える〈安くて美味しい料理〉。

烏丸鞍馬口を東に入って右側。数軒目が「まつもと食堂」。看板がなければ通り過ぎてしまいそうな一軒家だ。緑、黄色、緑と、色に変化を付けた不思議なテント。最初の緑の下は勝手口、次の黄色は換気扇のカバーのようで、その次の緑が店の入口を覆っている。緑のテントにひらがなで〈まつもと〉とだけ書かれている。

店の中は食堂というより、割烹《かっぽう》居酒屋のような洒落た内観。右手にカウンター席が奥まで延びていて、左側に四人掛けのテーブルがいくつか並んでいる。

カウンターの中はオープンキッチンになっていて、洋食屋のシェフを思わせる白衣を着た主人が、ひとりで料理を作る。

と、ここまでの様子とは不似合いなほど、メニューに並ぶ価格は安い。

まずは定食類。〈コロッケ定食〉六百円、〈ミンチカツ定食〉七百円と続き、〈トンカツ定食〉と〈チキンカツ定食〉は七百五十円。和食なら、小鉢付きの〈鯖煮定食〉。同じく七百五十円だ。

麺類は四百八十円の〈きつねうどん〉から、九百円の〈鍋焼きうどん〉まで。丼ものとしては、〈玉子丼〉が一番安くて六百円。一番高いのは〈カツ丼〉の七百八十円。丼ものには味噌汁が付く。

洋食から麺類、丼ものまで、どれも安くて美味しいが、僕はいつも二つのパターン。

ひとつは〈日替り定食〉六百円。

日替りと名が付くとおり、日によって内容が異なるのだが、いつ食べても必ず満足する。

「まつもと食堂」の〈日替り定食〉

作り置きではなく、揚げ物などは当然ながら注文が入ってから揚げる。カウンター席に座ると、たとえ一番安価な定食といえども、ていねいに作られているのがよく分かって嬉しい。

お盆に載せられて出てきた〈日替り定食〉を見て、誰が六百円だと思うだろうか。その充実ぶりにいつも感心する。

大きめの飯茶碗にはご飯がこんもりと盛られ、おかずが載った大きな丸皿には魚フライと唐揚げがサラダと一緒に盛られ、更に、小鉢に入った鶏のおろし餡掛けが載る。これに酢のものの小皿、味噌汁に漬物が付く。

どのおかずも、量産品とはひと味もふた味も違う。手作りならではの美味しさにご飯が進む。

もうひとつのパターンは、〈丼とうどんのお得セットメニュー〉。

〈玉子丼セット〉なら、〈玉子丼〉と〈きつねうどん〉の組み合わせ。どちらかがミニサイズというセットはよくあるが、両方フルサイズで出てくるのは珍しい。これで八百円。夏場には〈天とじ丼〉と〈ざるそば〉のセットもあって、これも八百円。申し訳ないような値段だ。

賀茂《かも》川や「御靈《ごりょう》神社」なども、そう遠くない。行き帰りにふらりと立ち寄って、お値打ち価格の美味しいランチ。是非覚えておきたい店だ。

第二章 ▼▼▼ お昼はやっぱり「麺類・丼もの」

京の腰抜けうどん

主にうどんや蕎麦などの麺類と丼ものを出す店は、食堂と名付けられている店、食堂とは名乗らない店のふたつに分かれる。食堂と名付けている店は、麺類や丼ものが主体でありながら、とんかつ定食や中華そば、カレーライスなどの洋食もメニューに載せていて、食堂の名が付いていないところは、麺類と丼ものだけであることが多い。

とは言え、その定義に当てはまらない店もけっして少なくはなく、外観や屋号からだけでは、なかなか区別がつかない。つまりは入ってみないと分からない。

これらの店の多くは〈うどんやはん〉と京都人から呼び親しまれ、数ある食堂の中でも、最も近しい存在となっている。

食堂の前を通ると、あらゆる食が入り混じった雑多な匂いが漂うが、〈うどんやはん〉の周りは、芳《こう》ばしい出汁《だし》の香りで包まれている。

そんな香りに誘われて入ったなら、当然うどんや蕎麦を頼むかといえば、迷ったあげくに親子丼を注文してしまうこともあれば、中華そばといなり寿司のセットになったりもする。衣笠《きぬがさ》、たぬき、のっぺいなど、京都ならではの品書きをあれこれ想像するだけでも愉《たの》しいのが、京の〈うどんやはん〉。

京都でうどんを食べるときに、心得ておきたいことがふたつある。

ひとつは麺のコシ。

基本的に、古くからある京都のうどんは、コシがないことを信条としている。俗に〈腰抜けうどん〉と言われるほどにやわらかい。それをして、うどんにコシがない、と言って、酷評する向きがあるが、それはまったくの誤りである。

味わいというものには地方性があり、麺にコシがあるから優れているというのは、関西圏では通用しない。京都も大阪も、あえてコシをなくしているのである。したがって、いくら行列のできる人気店であっても、コシのあるうどんを出す店は、京都らしさを持ち合わせていないと言える。

ふたつに出汁という言葉。

全国的には出汁と言えば、味を構成する素材で、そこに醤油《しょうゆ》やみりんなどの調味料を加えたものを〈つゆ〉と呼ぶ。だが京都ではその〈つゆ〉も出汁と呼ぶのが一般的で、〈うどん出汁〉という言いかたをする。だから、〈出汁〉を飲むのである。

――ええ出汁やなぁ――

と京都人が言えば、それは〈つゆ〉のことなのである。

ところ変われば品変わる。まさに京都のうどんは、そんなふうだ。麺にコシがないのは、出汁の旨さを吸収しやすくするためで、麺のコシがあり過ぎると、出汁の旨みを吸ってくれないのだ。京都のうどんは、麺よりも出汁が主役だということを、頭に置いた上で食べたいものである。

「殿田食堂」おふくろの味ならぬ、オバアチャンの味 ▼▼▼MAP D⑰

味も含めて、今最も気に入っている〈うどんやはん〉である。

店の在処《ありか》は、「東寺《とうじ》」からは少し離れるが、〈東寺通〉という通りに面していて、つまりは「東寺」へと続く参詣道に建っている食堂。

「東寺」の東門までは直線距離で約一キロ。歩くと十五分ほどかかる。参拝の前に腹ごしらえを、という向きにはぴったりの店だ。

食堂といっても、ここには定食類はなく、麺類と丼ものだけを商《あきな》っている。典型的な〈うどんやはん〉。

僕がこの店に通うようになってから、五年以上が経つ。

原稿を書くためにホテルに籠るのだが、その京都の定宿とするホテルのすぐ近くに「殿田《とのだ》食堂《しょくどう》」があって、通りがかりに入ったのがこの店との出合い。

たしか最初は〈中華そば〉だったと思う。昼どきだったが、広い店の中はがらんとしていて、のんびりとした空気が漂っていた。

料理を作るのはオバアチャン。運んでくるのもオバアチャン。食べ終えてお金を受け取るのもオバアチャン。つまりは、お店のすべてをオバアチャンひとりで切り盛りするのだ。けっして小さな店ではなく、もしも満席になれば三十人以上の客を相手にしなければな

「殿田食堂」店内の短冊メニュー

らない。

そんなことを考えながら、〈中華そば〉を食べて、僕の好みにぴったりの味なのに驚いた。ラーメンではなく、あくまで〈中華そば〉は懐かしくも美味しいのである。中細のストレート麺。和風に近い鶏ガラ醬油味のスープ。モモ肉の焼豚。実にあっさりとしていて、あっという間に食べ終えて、スープの一滴も残すことはなかった。

すぐ次の日に食べたのは〈鍋焼きうどん〉だったと記憶する。

ぐつぐつと煮え立った鍋を運んできたオバアチャンはふたを取って、それを下に敷いた。かまぼこ、ネギ、海老天、椎茸、そして卵。卵はちょうどいい半熟加減で、黄身をいつ崩すかのタイミングをはかりながら食べた。麺は京都ならではの腰抜けうどんで、それを鍋で煮るから、更にやわらかくなる。だからこそ旨い出汁に絡みやすくなるのであって、京都の鍋焼きうどんはこうでなくては、というお手本のような味わいだった。特筆すべきは甘辛く煮つけられた椎茸。分厚くて大きくて、嚙むとじゅわーっと煮汁が口の中にあふれ、これを食べるためだけに〈鍋焼きうどん〉を注文してもいいと思わせる。

この椎茸の旨煮を使った〈のっぺいうどん〉もとても美味しい。

関西以外では、馴染《なじ》みが薄い〈のっぺいうどん〉は、餡《あん》掛けになっていて、かまぼこや、椎茸、刻み海苔《のり》などの具が載っている。「殿田食堂」では餡掛け系に人気があり、〈たぬきうどん〉がその代表。

ちなみに〈のっぺいうどん〉は〈しっぽくうどん〉の餡掛けバージョン、〈たぬきうどん〉は〈きつねうどん〉の餡掛けをいう。

「殿田食堂」の〈鍋焼きうどん〉

餡掛け系には、たっぷりのおろし生姜《しょうが》が載り、これが味にアクセントを付けると共に、身体を芯から温めてくれる。寒さが厳しい冬場は〈鍋焼きうどん〉にするか、餡掛け系にするか、いつも大いに迷うのである。

お奨めをもう一品。それは〈天玉とじ丼〉。丼めしの上に海老天が載り、それを卵でとじたもの。京都らしい薄味の丼つゆの染み込んだ海老天のコロモと半熟卵が絡んだあたりの具と、熱々のご飯を一緒に食べると、しあわせな時間が訪れる。

うどん良し、中華そば良し、丼良し。何を食べても美味しい〈うどんやはん〉は、ほぼ年中無休なのも嬉しい。遠くから歩いてきて、暖簾《のれん》が掛かっているとホッとする。

「招福亭」茶そばの名店は隠れ道にあり　▼▼▼MAP D⑱

どちらかと言えば京都は、蕎麦よりうどんである。近年ようやく蕎麦の専門店ができてきたが、京都の麺類店は、うどん屋と呼ばれることはあっても、蕎麦屋と言われることは少ない。京都一の老舗「本家尾張屋《おわりや》」はその例外の一軒。

ひとつには蕎麦粉の産地から遠いから、だと思うのだが、それよりも好みの問題なのかもしれない。蕎麦粉の持つ独特の風味や香りが、京都人好みではなかったのだろうか。

その代わり、という言いかたもおかしいが、古くから京都では茶そばに人気があり、かつては茶そば専門店が何軒もあった。

僕にとって、茶そばの原点とも言える店は、河原町六角《かわらまちろっかく》を西に入ったところにあった「大文字《だいもんじ》」という店。

この店の特徴は、注文してから一分ほどで出てくることだった。なぜそんなに早く出すのかといえば、この店の周りにはたくさんの映画館があって、その時間待ちに食べにくる人が多かったからだと聞いたことがある。

もちろんただ早いだけでなく、茶そばも出汁も充分美味しかった。よく食べたのは天ぷらそば。

このスピードだから、麺は茹でおきだし、天ぷらも既製品だったが、それはそれでとても美味しく、いくらか甘めの出汁と、もっちりした風味の茶そばがよく合い、その出汁に天ぷらのコロモが溶けると、更に旨みが増した。

繁華街から次々と映画館が姿を消していったと同時にこの「大文字」は店を閉め、時を同じくして、茶そばを出す店が次々と店仕舞いしたり、移転していった。

その茶そば。文字通りお茶を練り込んだそばで、麺が緑色をしている。

京都でなぜ茶そばかと言えば、それはおそらく茶所《ちゃどころ》宇治《うじ》を擁しているからだろうと思う。抹茶スイーツというジャンルが形成されるくらいに、抹茶を使ったお菓子は和洋を問わず、人気が沸騰している。その流れに乗ったわけではないが、最近はあち

「招福亭」の〈天とじ丼・茶そばセット〉

こちに茶そばを出す店が出現し始めた。

喫茶店の軽食メニューや、店によってはカフェのランチタイムなどで、茶そばをサラダふうにして出す店があるようだが、それとは一線を画す、昔ながらの茶そばは是非とも食べてほしい逸品。

繁華街や観光地からは外れた場所にあり、細道に面しているので、通りすがりに、というわけにはいかないが、「招福亭《しょうふくてい》」は京都人のあいだで人気の高い、茶そばの店。ではあるが、茶そば専門というのではなく、食堂然とした空気を湛《たた》え、いつも多くの客で賑《にぎ》わっている。

「東本願寺《ひがしほんがんじ》」の北西、細い新町通はどこにでもあるような住宅街で、その中にぽつんと建つ「招福亭」は、朝十一時開店。ブランチにも使える便利な店で、休業日も少なく安心して通える店。

冷たい茶そば、あたたかい茶そば、丼もの、それらをセットにしたもの、とメニューは豊富で、なかなか決めきれない。

シンプルに茶そばを味わうなら、〈ざるそば〉か、あたたかい〈そば〉。

お茶を練り込んだ自家製麺の茶そばは、淡い緑色をしていて、抹茶スイーツのような濃い緑色はしていない。色粉を使っていないからで、これがありのままの姿だ。

茶そばの最大の特徴は、もっちりとした歯触り。うどんとも、蕎麦とも違う風味は、出汁にもよく合う。いくらか甘めの出汁は鰹節《かつおぶし》の香りが効いていて、さすが京都と思わせる味。

僕のお奨めは〈天ぷらそば・かやく飯セット〉。

海老天の載った、あたたかい茶そばとかやくご飯。ボリュームもあり、淡い味付けのかやくご飯と、天ぷらのコロモが溶けだした出汁が絡んだ茶そば。これもある意味で、京のおばんざいとも言える。京都らしい麺類を、と言われれば、真っ先にこのお店の茶そばをお奨めしている。

「めん房やまもと」
ビジネス街の名食堂

▼▼▼MAP C ⑲

四条烏丸《しじょうからすま》といえば京都一のビジネス街である。金融機関が密集し、大小企業がひしめき合い、ビジネスパーソンの姿が引きも切らない界隈。となれば当然ながらランチ激戦区になる。

激戦区という言葉には、ふた通りの意味を持つという説がある。

ひとつに、多くの客が短い時間に集中するため、そこそこの店ならやっていける、という考え方。本当は他の店に行きたいんだけど、混んでるから、まぁ、ここでもいいや、という客で流行っている店もあるという説。

もうひとつは、競争が激しいせいで、まずい店は淘汰《とうた》され、本当に美味しい店しか生き残れないという説。

先般、東京銀座に滞在したが、たしかに両方の説が正しいことを実感した。京都では考えられないほど、まずさを極めた中華料理店にも、そこそこの客が入っていたし、一方で、京都にもこんな店が欲しいと思ったほど、安くて美味しい洋食屋さんもあった。ビジネス街にあって、おざなりでも続けられる店と、客に鍛えられ、旨さを極めた店の両極端があることは、頭に置いておいたほうがよさそうだ。もちろんここでご紹介するのは後者のほうだ。

四条烏丸から少しばかり西へ。室町《むろまち》通を越えて、次の細道を北へ上《あが》る。この辺りは〈撞木辻子《しゅもくのずし》〉と呼ばれ、いわゆる〈京都の路地裏〉として人気を呼んでいる界隈だ。

京都には碁盤の目で区画整理された道路以外に、不規則な直線が交差する細道がたくさんある。そのうち、通り抜けできるものを〈辻子〉と呼び、行き止まりになったものを〈路地〉と呼ぶ。

「めん房やまもと」

〈撞木〉とは、鉦《かね》などを鳴らすための棒のことで仏具のひとつ。その丁字形と似た道筋ゆえ、ここを〈撞木辻子〉と呼んでいる。

その辻子の更に路地奥に人気のうどん店があり、路地の入口には「めん房やまもと」と書かれた暖簾が掛かっている。

旅人がビジネス街の食堂を訪ねる際、気を配りたいのは、十二時前後を避けるということ。会社勤めの人たちの限られた昼休みを邪魔しない、を僕はいつも心掛けている。できれば十一時半まで、か、十二時半以降、一時前くらいが望ましい。

「めん房やまもと」は近所への出前もしているので、正午前後は戦争状態。路地の入口から行列ができているのもこの時間帯。

この店は午前十一時から店を開けているので、僕はいつも開店直後を狙う。

「めん房やまもと」の〈あげカレーうどん〉

店はけっして広くない。厨房《ちゅうぼう》との境に造られたカウンター席と、テーブル席。メニューは豊富で、麺類、丼もの、定食、そして弁当。セットものや組み合わせ、全部合わせると数十種近くになるのではないだろうか。迷いだすときりがないほどだ。

何をお奨めするかも迷う。やさしいスープの〈中華そば〉もいいし、出汁とカレーの按配《あんばい》が絶妙の〈あげカレーうどん〉も実に京都らしい味わいで、どちらも薄味ではなく、しっかりと味が付いている。京都人が麺類と一緒にご飯を食べるのを不思議がる向きもあるが、それは出汁の味が濃いからであって、少なくとも麺類に関して、〈京の薄味〉は当てはまらない。

麺類、丼もの、どれを食べてもハズレはないが、空腹の方には特にお奨めしたいのが〈チキンかつ弁当〉。

斜めに仕切られた弁当箱には、ご飯、野菜を枕にしたチキンかつ、漬物と一品が入り、小さなそばかうどんが付く。

まずはそばをすすり、出汁を飲む。チキンかつをどっぷりと中濃ソースに浸して、白いご飯に載せて食べる。漬物を合間に挟んで、これを繰り返すと、至福のランチタイムとなる。

おそらくは家族で営んでいるのだろう。料理を作る人、注文を聞き、席に運ぶ人、岡持《おかもち》で出前をする人。その息の合ったやり取りを見ているだけでも心がなごむ。ビジネス街の名食堂は、食だけでなく、人にも味わいがある。

「英多朗」
驚きのゆずラーメン

▼▼▼MAP C⑳

四条烏丸界隈はビジネス街であると共に、ショッピングストリートでもある。京都を代表するデパート「大丸《だいまる》」があり、その周りにはブランドショップも点在し、「髙《たか》島屋《しまや》」を中核とする四条河原町《しじょうかわらまち》界隈と、その人気を二分している。

となれば、当然人も多く集まるわけで、それを迎え撃つ飲食店も数多く存在する。「大丸」の駐車場は烏丸通から錦小路《にしきこうじ》通を東へ入ったところにあり、多くの車がそこを目指す。一方で錦小路通の突き当たりは「錦市場」になっていて、そこへ向かう歩行者も多く、通りはいつも混雑している。

そんな錦小路通の、烏丸通と東洞院《ひがしのとういん》通のちょうど中ほど、北側に「英多朗《えいたろう》」という店があり、多種多様なメニューで多くの客を集めている。

典型的な鰻《うなぎ》の寝床。間口は狭いが、奥に長くテーブルが並ぶ。およそ三十席ほどはあるのだろうか。いつも混み合っている店だ。

珍しいのは、うどんとラーメンを両立させていること。普通はうどん、もしくはラーメン、そのどちらかに注力し、仮に両方をメニューに載せたとしても、必ず軸足はどちらかに掛かるものだ。それがこの店では、どちらも主役を張るのだ。

まずはうどん。

京都のうどんは、再三述べているように、やわらかいのが特徴だが、この店のうどんは、コシがある平打ちの麺で、京都の中では異彩を放っている。讃岐でうどん作りを学んだというだけあって、「英多朗」の主人はしっかりした歯応えのあるうどんを打っている。

このコシのあるうどんを、京都らしい出汁と合わせようとすれば、よほどしっかりした味でなければならないのだが、麺と出汁のバランスがうまく取れているから不思議だ。

うどんメニューでは一番人気だという〈カレーなんば〉は、コシの強い麺との相性はすこぶる佳《よ》く、カレーの強い風味にも負けないうどんは、京都ではめずらしい。言うなれば、コワモテのカレーうどんだ。

「英多朗」の〈カレー丼とうどんのセット〉

強烈な個性を持つカレーだけでなく、〈鶏なんばうどん〉のような、やさしい味わいの出汁にも、この麺はしっかりと絡み合うから不思議だ。

その謎を解くひとつのカギが柑橘《かんきつ》にあると、僕はひそかににらんでいる。〈鶏なんばうどん〉に載せられたレモンスライス。これが得も言われぬ、独特の味わいを生みだし、出汁がしっかりと麺を受けとめるのである。

そしてこの、柑橘をうまく使ったメニューが、ラーメンにもある。それが〈ゆずラーメン〉だ。

柚子《ゆず》や酢橘《すだち》といった柑橘類は、蕎麦との相性がよく、夏場限定のメニューとなる、酢橘蕎麦などは、いかにも涼しげで、後口も爽やかで、蕎麦屋の人気メニューとなっている。

しかしそれは淡く冷たい蕎麦つゆだから合うのであって、濃厚なスープのラーメンに柚子が負けてしまうのではないか。食べる前にはそう思っていたが。

鶏ガラをベースにしているようで、スープ自体はあっさりとした和風の味わいなのだが、背脂が一面に浮くから、見た目はかなり濃厚そうだ。

たっぷりのネギと青柚子がタッグを組んで、爽快感を演出する。結論から言えば、相当美味しい。盲点だったとも言えるが、よくよく考えれば、僕はラーメンに酢を掛けることがよくあるので、ラーメンと酸味の相性は既に確認済だったのだ。

この店のメニューは、もちろんうどんとラーメンだけではない。〈親子丼〉や〈ヘレカツ丼〉、〈天丼〉などの丼ものも豊富だし、〈天ぷら定食〉や、弁当箱に入った〈英多朗セット〉などの定食メニューもある。

京都らしいような、そうでないような、不思議な美味しさを湛えるうどんやラーメン。「英多朗」は、京都リピーターの方に特にお奨めしたい店だ。

「西陣ゑびや」職人たちのオアシス

▼▼▼MAP B ㉑

西陣《にしじん》と言えば西陣織。京都を代表する産業として知られ、京都における織物業の発祥地であり、今もその中心地となっているのが西陣地区である。

西陣という名は、正式な行政区の名称ではなく、だいたいこの辺り、という程度だが、大まかには、東は室町通、西は千本《せんぼん》通、北は鞍馬口《くらまぐち》通、南は中立売《なかだちうり》通で囲まれたエリアをいう。

ただ、その空気感は周辺にも及び、多くの京都人が感じている西陣区域は、もう少し広い。

西陣という名は、応仁《おうにん》の乱の際、西軍の総大将だった山名宗全《やまなそうぜん》たちが、堀川《ほりかわ》よりも西の区域に陣を構えたことに由来する。

全盛時に比べれば、ずいぶんと少なくなったが、それでも西陣界隈を歩くと、機音《はたおと》が聞こえてくることもあり、今も多くの職人たちが西陣で働いている。

そんな職人たちをはじめ、西陣の人たちに愛されているのが「西陣ゑびや《え》」。大宮《おおみや》今出川《いまでがわ》を上ったところに暖簾を掲げている。

間口も広くはないが、店の中もけっして広くはない。テーブル席が八つほどあり、客が絶えることなく席を埋め、出前の電話もひっきりなしに掛かってくる、界隈きっての人気店である。

十一時開店でおおむね十九時ごろの閉店。昼どきは相当混み合うから、正午前後は避けたい。

〈味しるべ〉と記されたメニュー表には、麺類、丼もの、定食類と、豊富に並んでいる。一部の定食や〈上天丼〉、〈うどん寿喜〉などを除いて、ほとんどの麺類、丼ものは千円以下で食べられる。職人たちの懐具合を気遣った価格設定だろう。

この店もいくつもお奨めがあって、何をご紹介するか迷うところだ。西陣を散策した後は、たいていこの店でランチを摂っていたので、おおむねメニューは制覇している。

「西陣ゑびや」の〈そば定食〉

肉、油揚げ、エビの三種類から具を選べる〈カレーうどん〉七百円は、最も頻度が高いだろうか。寒い冬も、暑い夏も、店に入れば、必ず誰かが食べているような人気メニューなので、ついつい匂いに誘われて、ということも少なくない。

店の看板にも記されている〈名代 天ぷらそば〉も七百円とは思えないほどに旨い。

独特のスープであっさりと食べられる〈中かそば〉六百円も、へたなラーメン屋より、よほど美味しい。京都ならではの丼ものとして、〈衣笠丼〉七百円も、しっかりと出汁の味が効いていて、かっこむ、というより、じっくり味わいたい丼。

つまりは、麺類、丼もの、何を食べても美味しいので、どれもお奨めなのだが、一番のお奨めとなると、〈そば定食〉八百五十円に尽きる。

注文して、待つことしばし。それが初めての機会だったなら、お盆に載せられ運ばれてきた〈そば定食〉を見て、必ず驚くはずだ。千円以下とはけっして思えないほど、充実した内容だからだ。

丸い弁当箱は三つに区切られ、下半分の半月状になったところに白ご飯が詰められ、上半分の左側区画にはお造り、右側には日替わりのおかずが盛られている。これに小鉢ものが二種、そして蕎麦が付く。

お造りはたいてい綺麗な赤身で、ご飯によく合う。おかずは焼魚や唐揚げなどで、ボリュームもしっかり。蕎麦は温かいものと、ざるそばが選べ、量的にも充分で、もちろん味は間違いなく美味しい。若いときは、これより更にボリューミーな〈本日のサービス〉を選んでいたが、今はこの〈そば定食〉で充分だ。

お造りの付いたお弁当と蕎麦の取り合わせを、この値段で美味しく食べられる店は、他に思い当たらない。さすが西陣。職人たちのオアシスと言われる所以《ゆえん》である。

「自家製麺 天狗」懐かしくも新しい味

▼▼▼MAP Ⓒ㉒

僕が子どものころは、うどん屋さんというものは、店へ食べに行くより、出前を頼むことのほうが多かったような気がする。

それは出かけることが面倒だったから、かもしれないが、昔は大家族が普通だったせいで、店に行っても席がないから、だったようにも思う。

今から五十年以上も前のこと。小学校の低学年まで、祖父母、両親、叔母ふたり、僕と姉と、八人で暮らしていた。近所にはうどん屋さんが三軒あったが、どこもが小さな店で、たとえば昼どきに店を訪れたとしても、バラバラに座るか、席が空くのをじっと待つか、という選択を迫られることが多かったと記憶する。

昼が近づいてくると、たいていは祖父が言いだした。

——うどんでも頼もか——

その言葉をきっかけにして、祖母がチラシの裏にメモを取り始める。やれ、きつねうどんだ、にしんそばだ、中華そばだ、とそれぞれが好き勝手を言う。最初は黙って聞いていた祖父が突然怒鳴る。

――そんなバラバラに注文したら「天狗《てんぐ》」さんが困らはるがな。どれかにまとめんとあかん――

当時は河原町荒神口《こうじんぐち》に住んでいて、一番よく出前を頼んだのが「自家製麺 天狗」という店だった。近所には他にも「大力食堂」、「やっこ」といううどん屋さんがあったが、どちらも店を畳んでしまい、今も健在なのは、この「天狗」だけである。

「自家製麺 天狗」

河原町荒神口上る。京都府立医大病院の斜め向かいに建つ「天狗」は、昔とほとんど変わらぬ佇《たたず》まいで暖簾を掲げている。

時折、ふと懐かしくなって店に入るが、記憶の中の味わいと重なり合い、やんちゃ坊主だったころの思い出がよみがえってくる。

カウンター席はなく、テーブル席のみで、二十席以上はあると思うが落ち着いた内装のおかげか、落ち着いて食事ができる。
麺類、丼ものは豊富で、子どものころに出前で食べた味と変わらず美味しい。
と、去年の暮れに食べた、冬場限定という〈霜ふりうどん〉まではそんなだった。〈霜ふりうどん〉というのは、〈鍋焼きうどん〉の粕汁《かすじる》バージョンだと聞き、そう言えばと思いだしたのは粕汁ご飯。

「自家製麺 天狗」の〈ささめん〉

僕の記憶が正しければ、当時は粕汁も「天狗」さんのメニューにあって、祖母はこれを冷やご飯に掛けて食べるのを好物としていた。時にはその逆もあって、炊きたて熱々のご飯に、冷めた粕汁を掛けて相好を崩していた。

しかしながら「天狗」さんは、二〇一六年の四月から、麺を〈ささめん〉一本に絞る新展開を始めた。〈ささめん〉とは細ストレートの中華麺のことで、もちろん自家製。

京都のうどん屋さんでは、中華麺をうどん代わりに

「自家製麺 天狗」の〈鶏の唐揚げ〉セット

することがよくあるので、流れとしては至極自然だ。

夏の日のランチタイム。ひどく空腹だったので〈鶏の唐揚げ〉セットにした。

お盆に載って出てきたそれは、目を疑うほどのボリューム。大きな唐揚げが三個。生姜の味が効いてとても美味しい。小さな玉子丼は、どこか懐かしい味わい。そして〈ささめん〉。天かすとわかめ、ねぎとかまぼこが浮いた出汁はあっさり。〈ささめん〉もさらりとした歯ごたえと味わいで、クセになりそうな麺。細うどんよりはコシがあって、しかし普通の中華麺よりはあっさりしている。

幼いころに食べた店が、今も健在どころか、ますますパワーアップしているのを見ると、本当に嬉しくなる。僕はそんなことを店の人に話したりはしないので、まさか半世紀以上も前を懐かしんで味わっている客だとは、夢にも思っていないだろうが。

もちろんそんな思い出などなくても、美味しいうどんや丼が食べられる。京都御苑散策の折になど、是非とも味わってほしい店である。

「永正亭」
御旅所裏の老舗蕎麦屋

▼▼▼MAP C㉓

京都の夏を象徴する祇園祭《ぎおんまつり》は七月一日に始まり、三十一日で終わる、一カ月にも及ぶ長い祭り。

大方の観光客は十七日の山鉾巡行《やまほこじゅんこう》（前祭《さきまつり》／後祭《あとまつり》は二十四日）と、その前夜に行われる宵山《よいやま》が祇園祭だと思っているようだが、それらはあくまで祭礼の露払い的なものであって、祭りの主体は、「八坂《やさか》神社」の三柱の神さまを三基の神輿《みこし》に祀り、厄除けを願って街なかに繰り出す〈神幸祭《しんこうさい》〉にある。

そしてその神さまを祀った神輿は、四条寺町《てらまち》近くの〈御旅所〉に納められ、一週間滞在の後、再び「八坂神社」へと戻ってゆく。

つまり〈御旅所〉は神さまの宿のようなもので、由緒正しい場所。古くからの都人は、たとえ神さまがおられなくても、立ち止まって一礼するのを常としていた。

そんな〈御旅所〉の真裏にあるのが「永正亭《えいしょうてい》」という老舗蕎麦屋で、明治半ばの創業という、ここもまた由緒正しき店である。

四条寺町下る東側。間口も店内も狭く、〈蕎麦処　永正亭〉と書かれた大きな木の看板が軒を飾るが、知らずに通り過ぎてしまいそうに、控えめな佇まい。

奥に細長く続く店には整然とテーブル席が並び、全部で三十席ほどもあるだろうか。外観に比べて、その収容人数は多い。

百年をゆうに超える老舗とは思えない、いたって気安い店で、品数も豊富で、かつ安い。

透明のプラケースに入ったスタンド式のメニューを見て、初めての客はたいてい驚きの声をあげる。

——安い——

京都きっての繁華街に位置し、しかも明治半ば創業の老舗蕎麦屋が、こんな値段でいいのだろうか。誰もがそう思う。

そう思うから、注文を済ませても、あまり期待しない。

やがて運ばれてきた蕎麦を食べて、また声をあげる。

——旨い——

僕も何度この店を訪れても、いつも小さくつぶやいてしまう。それほどに安くて美味しい蕎麦屋なのだ。

麺類で一番安価なのは〈生そば〉。なんと三百七十円である。最も高価な麺類は〈カレーとりそば〉の〈天ぷら入り〉で八百二十円。

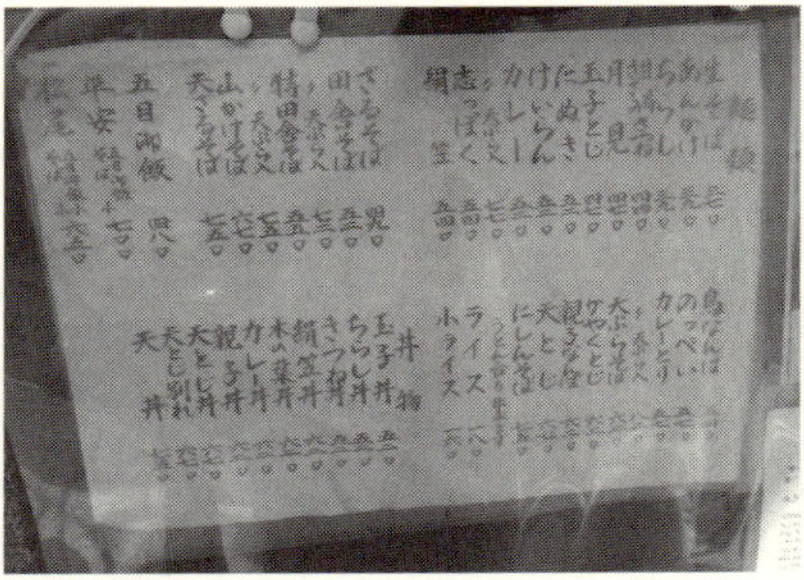
「永正亭」のお品書き

丼ものなら、〈玉子丼〉が一番安くて五百二十円。一番高い〈天丼〉でも七百五十円なのだから驚く。

これで美味しくなければ、安かろう、まずかろう、となるのだが、どれを食べてもちゃんと美味しいのだから嬉しい。

この店でのお奨めはいくつもあるが、いつも僕が注文するのは〈天とじ別れ〉六百七十円である。〈天とじ別れ〉とは、天とじ丼の、ご飯と具を別の器に盛ったもので、つまりは、海老天の玉子とじをおかずにして、白ご飯を食べるという料理。これをメニューに載せている店は少ないが、実に美味しい食べ方である。僕はいつも粉山椒をたっぷり振り、ご飯に載せて食べる。これだけでは物足りないときは〈生そば〉を追加するのだが、食べ終えた海老天のしっぽを〈生そば〉に入れると、出汁に天ぷらの風味が加わって、より一層美味しくなる。蕎麦に浮かぶ柚子皮が出汁の味を引き立て、後口を爽やかにしてくれる。

たっぷり載った大根おろしで、さっぱり食べられる〈特田舎そば〉や、具がたっぷり入った〈五目御飯〉など、他にもお奨めしたいメニューがたくさんある、老舗蕎麦屋である。

「相生餅食堂」（北大路）　▼▼▼MAP B㉔
壁一面のメニューに迷う

京都には〈相生《あいおい》〉と名が付く飲食店があちこちにある。チェーン店でもなさそうだが、暖簾分けにも見えない。たいていは麺類を主体にした食堂で、共通するメニューもあるが、その店独自のオリジナルメニューもある。

うちの近所にあるのは「相生餅食堂」という屋号で、北大路《きたおおじ》烏丸を東に入って、北大路橋との中間あたりの北側。出前を頼むこともしばしばで、この店のうどんや丼をはて、何度食べたことか。

　この店の最大の特徴はメニューの多さである。ブックタイプのメニューもあるが、店の中の壁という壁を埋め尽くすように貼られたメニューの多さに圧倒される。

「相生餅食堂」店内の壁一面のメニュー

　おおむね単品を頼むときはブックタイプ、定食やセットものをとなれば、周りの壁を見渡して注文を決めることとなる。

〈アジフライ定食〉、〈豚の生姜焼き定食〉、〈チキン南蛮定食〉、〈メンチカツ定食〉などの洋食系から、〈あなご丼セット〉、〈さばのみそ煮定食〉、〈けんちん雑煮セット〉といった和食系まで、定食類も豊富にある。

　正月だけではなく、一年を通して雑煮がメニューに上っているように、この店の売り物に餅がある。屋号がそれを表しているが、京都で〈餅〉が屋号に付く店は、元々餅屋だったところが多い。「千成餅」「大力餅」「力餅」などなど。最初は餅だけを商っていたが、餅菓子、赤飯、寿司類、麺類、丼ものへと品数が増えていき、今日《こんにち》のような食堂になったのである。

だからこの店でも、餅の入ったうどんは名物的存在で、〈カレー餅うどん〉なんかがその代表である。

定食系も丼ものも、うどんや中華そばなどの麺類も、どれを食べても美味しいのだが、この店ならではのものに〈焼きそば〉がある。

〈焼きそば〉なんて、お好み焼き屋じゃあるまいし。そう思われる方には、是非一度食べてみてほしい。この店独自の味わいで、他に類を見ない〈焼きそば〉なのだ。

まずもって麺が細い。ソース焼きそばが典型だが、たいていの焼きそばに使われる麺は太めで、もちもちとした食感が特徴だ。スーパーの中華麺売り場でも、〈焼きそば用〉と記されたものは麺が太い。

ところがこの「相生餅食堂」の〈焼きそば〉は極細ストレート麺なのだ。もちもち、ではなく、アルデンテ。

具はキャベツ、タマネギ、ネギ、ニンジン、モヤシ、とたっぷりの野菜と豚肉。それらと一緒に炒められた中華そばは、まるでスパゲッティーニ。

そしてこの〈焼きそば〉。味付けもまた独特で、ソース焼きそばのような、どろりとした濃厚なソース味ではなく、かといって塩焼きそばでもなく、中華料理店のようなオイスターソース味でもないように思える。

僕はレシピを訊ねたりはしないので、まったくの推測でしかないのだが、醬油ラーメンのスープとウスターソースを合わせて、塩コショウで炒めた肉野菜に絡めるのではないかと思う。言うなれば焼き五目ラーメン。

「相生餅食堂」の〈焼きそば〉

僕はいつもこれに目玉焼きをトッピングしてもらう。七百五十円プラス百円で、八百五十円也。
半分ほどはそのままの味付けで食べ、残りはウスターソースを掛けて、味に変化を付ける。目玉焼きは横に除けておき、このあたりで黄身を崩し、ウスターソースを垂らして麺と混ぜる。ひと皿の〈焼きそば〉であっても、あれこれと味を変えながら食べると実に愉しい。

一般的なソース焼きそばに比べて、はるかに後味がさっぱりしているのも、この店の〈焼きそば〉の特徴。

周りの壁一面に貼られたメニューを見ても、選びきれないときは、是非この〈焼きそば〉を食べてみてほしい。

第三章 ▼▼▼ 軽食が美味しい「喫茶店」

喫茶店の軽食

京都に古くからある、街角の喫茶店には、たいてい〈喫茶軽食〉という看板が掲げられている。都人のオアシスと呼んでもいい、これらの店は朝早くから夜遅くまで開けていて、いっぷくする場所であり、小腹を満たすところでもあった。

こういう店では、コーヒーや紅茶などの飲み物に加えて、サンドイッチやスパゲティ、オムライスなどの、いわゆる軽食をメニューに載せるのが常道とされてきた。

今では冷凍食品や既製品を使う店を時折見かけるようになったが、かつてはどこの店も、マスターが腕をふるい、独自の味を出していて、お茶をするより、軽食目当ての客も少なくなかった。

そんなころの名残を今に留める喫茶店。昼どきは満員盛況となることが少なくない。昼前か、午後一時を過ぎたあたりがねらい目。空いた時間なら、喫煙可としている喫茶店でも、いくらかは煙害もましなはずだ。

客のほとんどがそれを注文するという名物メニューのある店も少なくない。喫茶店ならではの軽食も、京都らしい一面を垣間見せる。

今はカフェ全盛の時代で、ナチュラルテイストを売り物にする店が多く、喫茶店のように食堂使いできる店は少ない。それでも中には喫茶店の空気をも湛《たた》えるカフェがあり、そこは食堂と呼んでもいいような気がする。

喫茶店、カフェ、いずれもコーヒーや紅茶のような飲み物が中心になるのだが、その余技ともいえる軽食に、食べるべきメニューがあるのも愉《たの》しいところ。

「高木珈琲店 高辻本店」
王道のビジネスランチ

▼▼▼MAP C㉕

古くから京都には喫茶店文化と呼ぶべきならわしがある。

ただコーヒーを飲みに行くのではなく、その店の空気に包まれにいく、といったような感覚。多くは常連客だが、やたらなれなれしくするのはご法度。馴染《なじ》み客らしい挨拶を軽く交わし、あとはコーヒーを飲みながら、新聞を広げたり、本を読んだりといったふうだ。

代表的なのは「イノダコーヒ」。今や観光客にも大人気となった店だが、三条堺町《さんじょうさかいまち》の本店はかつて京都人の憩いの場だった。多くはご近所の馴染み客で、節度を守り、客どうしはもちろん、店のスタッフと客も軽く会釈を交わす程度で、必要以上の会話を好むことはなかった。

今もそんな空気を色濃く残す店は、少なからず京都の街中に点在していて、たとえば烏丸仏光寺《からすまぶっこうじ》を西に入った辺りにある「高木珈琲店 高辻本店」などがその典型だ。仏光寺通に面して建つ店はガラス張りになっていて、今風のカフェにも通じる明るさがあって、ふと入りたくなる気安い雰囲気。

コーヒーポットのイラスト、ガラス窓の金文字、格調の高さをうかがわせる外観に期待が高まる。

店に入って左手奥に厨房《ちゆうぼう》が見え、右側に客席が広がっている。珈琲店と名付けられているとおり、店の中には芳《かぐわ》しいコーヒーの香りが漂っている。

さて、ここを喫茶店系食堂のひとつに数えるのは、そのメニューの豊富さとたしかさにある。すぐ近くのホテルに滞在することが多いので、ランチタイムに利用することが多いのだが、メニューを開く度に、何を食べようかといつも大いに迷う。

喫茶店の定番、トーストやサンドイッチだけでも、かなりの種類がある。〈タマゴサンド〉、〈カツサンド〉、〈ハムトースト〉、〈BLTサンド〉などなど。軽めに済ませたいときは、たいていサンドイッチ。

そしてランチ。カレー、ピラフ、オムライスにドリア、スパゲティ。喫茶店ランチの定番はどれをいつ食べても安定感のある美味しさ。

加えて、ハンバーグやコロッケ、ミックスフライなどの洋定食メニューまで揃っているのだから、迷わないほうがおかしい。

「高木珈琲店 高辻本店」

そんな中で、あえてひとつを選ぶとすれば、ドリアのホワイト。

ドリアという料理も、チェーン店を除けば、メニューに載せている店は意外に少なく、しかし食べたいと思い立つと止められない料理である。

ドリアを食べたい。ふとそう思ったとして、他に代わりうるものがあるかと言

「高木珈琲店 高辻本店」の〈スパゲッティ〉

えば、なかなか思い当たらない。マカロニグラタンではダメなのだ。

この店の魅力のひとつに〈熱々〉がある。あたたかい料理は、いつでも必ず熱々で出てくる。これはとても大事なことなのである。

最初に小さな野菜サラダが出てきて、これをちまちまつまみながら、ドリアの到着を待つ。客で立て込んでいるランチタイムだと、けっこうな時間を待たねばならないが、それでもようやく出てきたドリアが熱々だと、ほっこりと心がなごむ。

ライスとグラタンソースの按配《あんばい》がちょうどいい。くちゃくちゃとスプーンで混ぜながら、時折タバスコを振りかけて辛みをつけたりして、食べ終えると、ドリアのしあわせ感は抜きんでていることが分かる。とりわけ寒い冬の昼下がりなどは、ドリアのぬくもりが心のひだにまで沁みこんでいくような気がする。

そうそう。珈琲店だもの。珈琲を飲まなくちゃ。食後のコーヒーはプラス百五十円。ほっこりひと息つく喫茶店ランチ。

「Coffee shop MIWAKU」京都駅近くの隠れ喫茶

▼▼▼MAP D㉖

JR京都駅の周り、特に北側は年々開発が進み、新しい建物が目立つようになってきた。大手資本の店が増える一方で、昔ながらの店もなんとか踏ん張っている。七《しち》条《じょう》通から細い路地を抜けて、通り抜けができる「リド飲食街」などがその典型で、人が通れるだけの路地の両側に、びっしりと飲食店が建ち並んでいる。カオスに満ちた界隈は、ちょっとしたラビリンスになっていて、近頃は観光客にも人気が出てきたようだ。

人通りは多いのに、大きなビルが並んでいるせいもあって、地味な店は気づかれることなく、誰もが通り過ぎてしまう。

とりわけ昔ながらの喫茶店は、あまりにも街の風景に溶けこみすぎているせいか、そこに店があったことに気づくのが、通りを歩く百回目だったりする。

「Coffee shop MIWAKU」

「Coffee shop MIWAKU」もそんな一軒だった。

場所は京都タワーのほぼ真下と言ってもいい。京都タワーの北側の道、木津屋橋《きづやばし》通と室町《むろまち》通が交わる南東角。ヨドバシカメラの真ん前。何度も何度もこの道は通っていて、ふと目を留めたのは〈本日の日替わりメニュー〉と書かれた、小さな立て看板。〈日替わりランチ七百円〉〈日替わりパスタ五百四十円〉〈日替わりカレー七百五十円〉とあった。

この界隈にして、この控えめな値段。見上げれば喫茶店。ファサードは白地で、そこに赤い文字で「MIWAKU」と書かれている。入らぬ理由が見当たらない。

店に入ると、レトロという言葉がぴたりとはまる喫茶店。赤いシートの古びたチェアが、なんともいい空気を醸し出している。

店の真ん中に、半円形のカウンターテーブルがあるが、喫煙客で占領されているので、奥まったテーブル席に腰かけた。

三種類の日替わりランチにも魅かれたが、〈昔懐かしのナポリタンスパゲティ〉の強い引力には敵《かな》わなかった。

最初に小さなガラス鉢に入ったミニサラダが出てくるのは、喫茶店ランチの約束ごとのようなもので、これをつまみながら、メイン料理の登場を待つ。これはやはり間を持たせるためなのだろう。レストランではあまり見かけない。

「Coffee shop MIWAKU」の〈昔懐かしのナポリタンスパゲティ〉

待つことしばし。木皿の上に楕円《だえん》形の鉄板が載り、こんもりと赤いスパゲティが盛られている。

タマネギとソーセージ、ピーマンの混ざったトマトソースのスパゲティは、もうもうと湯気を上げるほどに熱々。茹で卵のスライスが、ちょうど一個分か。刻みパセリの緑がよく映える。

まず茹で卵を横に除け、鉄板で温める。そしてソーセージをフォークで突き刺し、スパゲティを絡めて食べる。ねっとりとしたケチャップ系のソースが実に美味しい。アルデンテなどという言葉とは無縁の茹で加減がいい。パスタには必要でも、スパゲティに歯ごたえなどは要らない。

ふた口ほど食べたところでタバスコをたっぷりと。ほどよく温まった茹で卵を合間に挟んで、鉄板でカリッと焼きあがったスパゲティまでたどり着くと、まさに昔ながらの味わい。

隣の席から漂ってくるカレーの香り。これもまた魅惑に満ちていて、二度目に入ったときは日替わりのジャワカレーとした。そしてひそかに狙っているのは、〈小倉パンケーキ〉なるメニューだが、これはまだ果たせていない。

「かふぇよろず」 洋食ランチの宝庫

▼▼▼MAP C㉗

綾小路《あやのこうじ》室町。京都を代表するビジネス街の真ん中にある「かふぇよろず」は、喫茶店でありながら、その豊富なフードメニューで、近隣のビジネスパーソンはもちろん、遠来のファンも多く、行列こそできないものの、昼どきなどはいつも賑《にぎ》わっている。

その人気の理由はなんといっても、バリエーション豊かなフードメニューにある。

一番人気はオムライス。ではあるのだが、そのオムライスのバリエーションは、メニューを見ていて目が回りそうなほどにたくさんあって、どのオムライスにするかを決めるまでに、けっこうな時間がかかる。

そんな大げさな、と思われるだろうが、本当なのである。ピラフ味、ケチャップ味、カレー味、そこにプラスして、ハヤシ、ミート、ホタテというアレンジが加わり、オムライスが十五種を数えることになる。

どうやら店を切り盛りしているのは、年輩のご夫婦らしきふたり。注文を聞き間違えたりしないだろうか、というのは余計な心配だったようで、オムライスは、一番から十五番まで、番号で注文するシステムになっている。

僕はいつも十番。オムミートのピラフ味。たまにカレー味のオムカレー。これは六番。つまり、どっぷりオムライスに浸りたいときは十番、たまにカレー味が

「かふぇよろず」

食べたいときは六番。これさえ覚えておけばいい。

しかし、くどいようだが、ここはオムライス専門店などではなく、あくまでビジネス街の喫茶店なのである。

これだけで終わらないのが、この店のすごさ。ツナクリームだとか、鶏ときのこ、なんていうトッピング系のオムライスもあり、当然ながらそれぞれ、ライスの味付けも三種類ある。更には、カレーライス、ハヤシライス、スパゲティ、ドリアに至るまで、およそ考え得る洋風の炭水化物ものはすべて網羅しているといっても過言ではない。

糖質制限ダイエットなどという苦行に挑んでおられる方には、なんとも申し訳ない限りだが、洋風に味付けされた炭水化物は、ただ単に、美味しいという言葉では言い尽くせない魅力を秘めている。

その代表ともいえるオムライス、そしてカレーにスパゲティ。世の中にこんな旨いものがあるだろうか。洋食でありながら、日本ならではの料理。これぞ喫茶店の醍醐味である。コーヒーや紅茶も外来の食文化であり、その場にこうした洋食が寄り添っているのは、当然といえば当然なのだが、不思議といえば不思議な話ではある。

食堂の本でありながら、なぜ喫茶店がひとつの項目になっているのか。その答えをこの店が示してくれる。

禅の教えのひとつとされる〈喫茶去《きっさこ》〉から生まれたといわれる日本の喫茶店文化。端的にそれを表すなら〈おもてなし〉という言葉につながる。であるなら、空腹を満たすことに結びついたとしても、何ほどの不思議もないことになる。

和と洋の融合。などというたいそうな話につなげるのは本意ではないのだが、喫茶店ランチを食べる度に、その思いが強くなる。そしてそれを、どこまでも深めようとする、こういう店に出合うと、日本の食文化というものは、どこまで奥深いのだろうと、感嘆するしかないのだ。

「喫茶チロル」
カレーの王国

▼▼▼MAP C ㉘

今や日本の国民食とまで呼ばれるようになったカレー。そのバリエーションたるや、どれほどあるのか数えきれないほどだ。

よく分類されるのが欧風カレーとインドカレー。最近ではこれにアジアのカレーが加わり、レッドやグリーン、キーマなど。地域によって風味が明らかに異なり、ひと口にカレーと言っても、百花繚乱、千差万別、別の料理だと言えなくもない。

更に我が日本には、スープカレー、カレーうどん、カレーラーメン、カレー丼といった、日本独自のカレー料理までもがあり、カレーがあふれている。

ふとカレーが食べたくなって、さてどの店に行こうかと悩みはじめるとキリがない。カレー専門店か、洋食屋か。と、しかし、ここに意外な伏兵が潜んでいる。喫茶店だ。

いわゆる純喫茶はおくとして、たいていの喫茶店にはカレーがメニューに上っている。すぐに作れて、すぐに食べられるスピードメニューは喫茶店向きの軽食。

喫茶店のカレーはピンキリである。ジャーの匂いが移った、ぬるいご飯にレトルトカレーを掛けただけの〈キリ〉から、手間暇かけて作られた〈ピン〉まで、当たり外れが多いことも事実。

中でも、ここのカレーを食べるためだけに、わざわざ訪ねてもいい、と思わせるのが「喫茶チロル」。二条城の近くにある。

チロルといえばオーストリア。どことはなしに山小屋ふうの外観とインテリア。お店のスタッフもそんなイメージのユニフォーム。

テーブル席に着いて、メニューを開くと、いかにカレーに注力しているかが分かる。〈チロル特製カレー〉というページがあり、一ページ全部を使って、カレーメニューを紹介している。

「喫茶チロル」の店内

基本の〈カレーライス〉は六百五十円。三種類のトッピング、〈生たまご〉、〈目玉焼き〉、〈ゆでたまご〉は、どれも五十円プラスの七百円だから、極めて良心的な価格。

〈カツカレー〉七百八十円から、〈ささみチーズかつカレー〉八百円まで、揚げ物トッピングのカレーは七種類。一番人気は〈厚切りかつカレー〉八百五十円で、〈ハムかつカレー〉七百五十円などという、あまり他の店では見かけないメニューもあり、専門店に負けず劣らず、カレーを前面に押し出している。

〈厚切りかつカレー〉は人気を誇るだけあって、食べごたえ満点の美味しいカレーである。とかく喫茶店のカレーというものは、辛さを抑えがちになるものだが、「喫茶チロル」のカレーは、しっかり辛い。辛いだけではない。淡路産のタマネギをたっぷり使っているとメニューにあるとおり、野菜の旨みとビーフのエキスがカレーに溶けこんでいて、とてもバランスがいい。厚切りかつとカレー、そしてご飯が三位一体となる味わいには、誰もが笑顔になるに違いない。

これだけで終わったのでは、カレーの王国などと大げさなキャッチフレーズを、僕が付けるわけがない。カレー専門店ではけっして味わうことのできないカレーが、この「喫茶チロル」にはある。

ひとつは〈ドライカレー〉六百三十円。言ってみればカレー味の焼飯。カレー粉を炒めるから、芳《こう》ばしさは普通のカレーを上回る。これをメニューに載せているのは、カレー専門店でも滅多にないはずだ。僕はこれに〈生たまご〉を落としてもらい、しっかり混ぜて食べる。実に辛くて、そして旨い。

もうひとつは〈カレースパゲティー〉六百八十円。他の店では味わえないという意を含めると、実はこれが一番のお奨めとなる。

タマネギ、マッシュルーム、ピーマンと一緒に炒めたスパゲティーに、ビーフカレーソースがたっぷり掛かる。僕はたいてい〈目玉焼き〉をトッピングする。スパゲティーにカレーソースを絡めて食べる。どこにでもありそうで、どこにもないような気がする。

この店はどのメニューもだが、ボリュームが半端じゃない。辛くて、旨くて、お腹いっぱいになる。

「喫茶チロル」の〈カレースパゲティー〉

それだけに留まらないのがカレーの王国。まだ試したことはないのだが、〈カレートースト〉三百五十円などというメニューもあるから驚くばかりのカレー愛。

更には早朝六時からの〈モーニングメニュー〉、朝十一時半からの〈定食メニュー〉も十を超える種類があり、カレーの王国は、憩いの食堂としても豊富なメニューを十二分に備えているのであった。

「くるみ」名物〈インディアンオムライス〉 ▼▼▼MAP C㉙

四条《しじょう》通界隈は、喫茶店の密集地域。京都市内でも有数のショッピングストリートゆえ、買い物の合間に、ちょっといっぷく。喫茶店は昔から不可欠だった。

とは言え、四条通に面している喫茶店はさほど多くはなく、たいていは横道に入ったところか、或《あ》るいはビルの上階や地下にある。

四条寺町《てらまち》角。「菊水ビル」の地下にある「くるみ」もそんな喫茶店だが、名物の〈インディアンオムライス〉を求めて、昼どきには行列ができるほどの人気店である。

喫茶店のランチ。多種多様なメニューを揃える店もあるが、名物一本勝負、といった店もある。「くるみ」は後者の代表的な店で、〈インディアンオムライス〉の他には、〈焼肉サラダ〉や〈チキン照り焼きサラダアーモンド風味〉、〈ポーク生姜《しょうが》焼きサラダ〉があるくらいで、ライス系は〈インディアンオムライス〉だけという徹底ぶりである。

さて、その〈インディアンオムライス〉。メニュー名から分かるように、カレー味のオムライスである。つまりはドライカレーを薄焼き卵で包んだものなのだが、その上から掛かるソースが独創的なことで知られている。

たいていの店は、インディアンという名にふさわしく、上からカレーソースを掛ける。店によっては白ご飯を薄焼き卵で包み、カレーソースを掛けただけのものをそう呼ぶところもあるくらいで、ライスの味付けはともかく、上から掛けるのはカレーソースというのが〈インディアンオムライス〉の常道。

「くるみ」の〈インディアンオムライス〉

しかしながら「くるみ」の〈インディアンオムライス〉には、カレーソースではなく、ケチャップの味わいが強いデミグラスソースが掛かり、その上にはなんとタルタルソースが載るのである。

これを食べたことがない人は、是非想像してみてほしい。タルタル、デミグラス、カレー。三つの味が口の中で混ざり合う。

とても不思議なことに、これが旨いのだ。どれくらい旨いかと言えば、一日おいて、すぐまた食べに行ったくらいだ。

この味を表現するのはとても難しい。それほどに未知の味で、他にたとえようがない。

しめじやニンジン、鶏肉とタマネギがたっぷり入ったドライカレーは、それだけを食べると、かなりスパイシーで、しっかりと辛い。ソースが掛かっていない薄焼き卵を巻くと、あっさりとした後口になる。

そこに、いくらか酸味の効いたデミグラスソースがさらりと掛かることで、今度はマイルドな味に変わる。そして、どろりとしたタルタルソースが加わることで、複雑な旨みが現れる。

他にたとえようがない、と言ったが、もしも引き合いに出すとすれば、チキン南蛮だろうか。もしも鶏肉がカレー味だったとすれば、こういう味になったかもしれない。

これだけの味わいとボリュームで六百円は安い。そして、そのボリュームについてだが、この店にはおもしろい仕掛けがある。

初めてこの店に行ったとき、当然ながら〈インディアンオムライス〉を注文した。

すると、厨房に居る男性に向けて、

――オムライス、男性です――

と注文を通したのだ。そのときは他に客もおらず、他の客と間違うはずもないのに、と訝《いぶか》しく思っていると、次に店に入ってきたカップル客の場合は、

――男性1、女性1――

ようやく謎が解けたのは、隣のカップルに出された〈インディアンオムライス〉のボリュームを見たとき。女性用は普通よりやや小さめで、男性用は大盛りに近いボリューム。もちろん値段は同じ。で、おもしろい話を聞いた。

大食漢の女性は、注文するときに、小声で店の人にこう告げるのだそうだ。

――女性だけど男性――

美味しくて、愉しくて、お腹いっぱいになる店。唯一の難点は喫煙可であること。運が悪いと紫煙もうもうの中で食べなければならない。それを避ける意味でも、並ばずに食べるためにも、十一時半の開店と同時に一番乗りすること。それが「くるみ」必勝法である。

「喫茶マドラグ」伝説の玉子サンド

▼▼▼MAP C ㉚

かつて西木屋町《にしきやまち》通の四条を下った細道に「コロナ」という洋食屋があった。さほど広い店ではなく、店に入ってすぐ右手にカウンターが五席ほどと、左手にテーブル席と小上り席が、それぞれ数席ずつ。カウンターの中がキッチンになっていて、雑然とした中で、年老いたシェフが無心に料理を作っていた。

ポークカツ、エビフライ、ハンバーグなど、王道をゆく洋食メニューは、どれを食べても美味しく、中でも、目玉焼きの載ったハンバーグは、やさしい味わいで、ときにはこれと一緒にオムライスを頼んだりもした。

しかしなんと言っても「コロナ」と言えば〈玉子サンド〉。いつの間にか、行列ができるほどの人気メニューとなった。

きっかけは例によってテレビ番組での紹介。京都ならではの、分厚いオムレツを挟んだ〈玉子サンド〉は、熟達シェフの独特のキャラも相まって、圧倒的な人気を誇り、やがて老齢を理由に店を畳むころには、それは頂点に達した。

惜しむ声が多く上がったものの、寄る年波には勝てない。後継者もなく、あっさりと「コロナ」は消えた。

それから、どれほどの時間が経過しただろうか。あの「コロナ」の〈玉子サンド〉を食べられる喫茶店ができたという話を耳にし、すぐに駆け付けたのは言うまでもない。はたしてそこには、まごう方なき、あの〈玉子サンド〉があった。それが、僕と「喫茶マドラグ」の初めての出合いである。

そしてその「喫茶マドラグ」も、晩年の「コロナ」同様、多くの客が押し寄せる人気店となった。

「喫茶マドラグ」

待つこと、行列をつくることを、大の苦手とする僕は、足が遠のくようになったが、それでも往年の「コロナ」ファンをはじめ、京都で美味しい〈玉子サンド〉を食べたいとおっしゃる方には、必ずこの「喫茶マドラグ」をご紹介している。

以前は「セブン」という名前の喫茶店だった。その看板は残されているものの、メニューも一新され、フードメニューもかなりの充実ぶりだ。

どういう経緯でこの店で継承されるようになったのか、僕は知らないが、メニューにあるとおり、間違いなく〈コロナの玉子サンドイッチ〉だ。というより、オムレツの分厚さなどは、「コロナ」のそれよりもパワーアップしている。

往年の「コロナ」ファンに加えて、近年、急速に高まってきた〈京の玉子サンド〉ブームもあり、すんなりとありつけないのが、玉に瑕《きず》。

運よく店に入れたとして、もちろん〈コロナの玉子サンドイッチ〉でもいいのだが、〈鉄板ナポリタン（ケチャップ味）〉や〈鉄板カレーナポリタン〉、更には〈トルコライス〉などといった、ボリューミーな洋食メニューも豊富に揃っているので、是非ともそちらも食べてみてほしい。

喫茶店を予約するということにも、いささかの抵抗はなくはないが、並ぶことを思えば、はるかにそのほうがいい。

喫茶店の常として、店の中は全面喫煙可。嫌煙家には少々つらい面もあるが、唯一無二の、あの〈玉子サンド〉が食べられるなら我慢しなければ。

価格も妥当で、人気店になっても、接客はすこぶるていねいで、昔懐かしい薫りのするインテリアも加わって、すぐれて居心地のいい喫茶店である。

「喫茶ウズラ」絶品のりトースト

▼▼▼MAP G ㉛

食事もできる喫茶店には、たいてい名物メニューと呼ばれるものがあり、それを目当てに訪れる客も少なくない。

本章でも何軒か、そういう店をご紹介した。「くるみ」の〈インディアンオムライス〉（128ページ）のように、店を訪れた客のほとんどがそれをオーダーするという店。

一方で、名物メニューもあるが、それ以外のメニューも人気があって、それゆえ名物メニューの存在に気づかぬ客もいる。そんな店もある。

西大路《にしおおじ》通と丸太町《まるたまち》通が交わる交差点は、円町《えんまち》と呼ばれ、都人から親しまれている。ちょっと不思議な地名の由来には、いくつもの説がある。

かつてこの辺りを走っていた京都市電が、ここで円を描いて方向転換したことに由来するという説や、古くこの界隈には獄舎があり、〈円〉の字には、囚人を囲む、という意があるから、とも言われている。

そもそも丸太町という地名は、「妙心寺《みょうしんじ》」の法堂を建てる際、東国から丸太を運んだ通りだからその名が付いた、とも、通り沿いに材木商が多かったから、とも言われ、こちらも曖昧ではある。

円は縁に繋がる。最近ではそう言われ、縁を結ぶ町とされ、それが一番だろうと思う。

「喫茶ウズラ」の店内

その円町の交差点から南へ少し下がった西側に「喫茶ウズラ」という名の喫茶店があり、ここの名物メニューは〈のりトースト〉である。

耳慣れないが、〈のりトースト〉は、東京は神田《かんだ》にある「珈琲専門店 エース」の名物メニューとして知られ、神田界隈のご当地グルメともなっていて、隠れた人気を呼んでいるようだ。

コーヒーと一緒に注文して、店の中を見回す。

昭和レトロなデザイン。カウンターの中に立って、ひとりで切り盛りするのは若きママさん。今年の初夏まで産休をとって店を休んでいたという、正真正銘のママ。コーヒーを淹《い》れ、ランチを作り、その合間にトーストを焼く。まさに孤軍奮闘といったところ。ママ友らしきお客さんも少なくなく、ときに育児談議が始まったりして、緩やかな空気が流れる。

しばらく待って届いた〈のりトースト〉。

「喫茶ウズラ」の〈のりトースト〉

いわばのり弁のトーストバージョンだが、バター醤油《しょうゆ》で味を付けているだけに、ハイカラな味がする。厚くなく、薄くなく、頃合いの厚さのトーストに海苔《のり》が挟んであって、磯辺焼きのような味でもあり、ふつうのバタートーストのようでもある。

思っていたほどの意外性はなく、昔からあったような気もしてくるから不思議だ。しかし誰もが初体験の味。

これだけなら、食堂とは言えないが、〈カレーライス〉六百五十円、〈えびピラフ〉六百円、〈とりそぼろごはん（アジア風）〉六百円、といった食堂系喫茶店ならではのご飯ものから、〈ナポリタン〉六百五十円、〈ミートソース〉六百五十円、〈たらこクリーム〉六百円などのスパゲティメニューも揃っていて、ランチタイムは賑やかなカウンターになる。

どうやら一番人気は〈日替わりランチ〉八百円のようだ。

メインのおかずに加えて、副菜がふた品。ご飯と味噌汁、漬物に加えてドリンクまで付くのだから、かなりのお値打ちだ。

メインはローストンカツだとか、煮込みハンバーグ、サーモンフライ、鶏つくねの照り焼きなど、味もボリュームもしっかりしていて、ご飯によく合うおかずが選ばれている。

子育て真っ最中のママさんが作るランチは愛情たっぷり。食後のコーヒーを飲むと、心がほっこりなごむ。

第四章 ボリュームたっぷり「洋食堂」

京都の洋食

フレンチでもイタリアンでもなく、あくまで洋食。和食と並んで京都が世界に誇る名物料理といってもいいだろう。ナイフ・フォークではなく、お箸で食べる洋食。京都で洋食が発展した理由のひとつに花街《かがい》の存在がある。

舞妓ちゃんを引き連れての〈ご飯食べ〉、お座敷遊びの前の旦那衆の小腹満たし、いずれにも洋食は欠かせないものとなった。

一方で京都は職人の街でもあり、長時間労働を強いられる職人のスタミナ源として、洋食ほど重宝された料理はない。更に京都は長く学生の街でもあり続け、血気盛んな若者たちの胃袋を満たすのにも、洋食は最適な料理だった。

「洋食堂」とでも呼びたくなる店は、どちらかといえば後者のほう。職人たちや学生に人気なのは、安くてボリュームたっぷり。もちろんそれが美味しくなければならないのは当然のこと。

住宅街、学生街、そしてビジネス街。意外な場所に潜んでいることもある洋食堂。

京都旅のアクセントになるのは間違いない。

「ますや」小さな小さな洋食堂

▼▼▼MAP C ㉜

〈高倉《たかくら》通の奇跡〉。この店で食事をする度に、僕の頭には必ずこの言葉が浮かぶ。奇跡とは大げさな、と思われるだろうが、京都市内のあちこちで洋食を食べてきた僕が言うのだから間違いない。

高倉通の松原《まつばら》通から少し北へ上《あが》った辺り。ビジネス街でもあり、住宅街でもあるという、微妙な立地。人通りが多いような場所ではなく、しかし辺鄙《へんぴ》な場所ではない。〈お弁当〉という赤い幟《のぼり》と、黄色い日よけテントが目印の「ますや」。店の入口も、店頭のサンプルウィンドーも少し奥まったところにあるので、気づかずに通り過ぎてしまいそうに控えめな店構え。何度もこの前を通っていながら、テークアウト弁当の専門店だと思いこんでいた。

あるときハンバーグ弁当を求め、出来上がるのを待っていると、中に客席があるように見え、訊ねてみると、カウンターだけだが七席あるとのこと。しばらく経ってからランチタイムに行ってみた。

昔風に言うならコーヒースタンド。狭い店の中にL字型のカウンター席が設《しつら》えられ、その中のキッチンで料理が作られる。

オープンキッチンスタイルだが、厨房《ちゅうぼう》を囲むようにして座席が作られているといったふうで、料理が出来上がっていく様子を間近にできる。

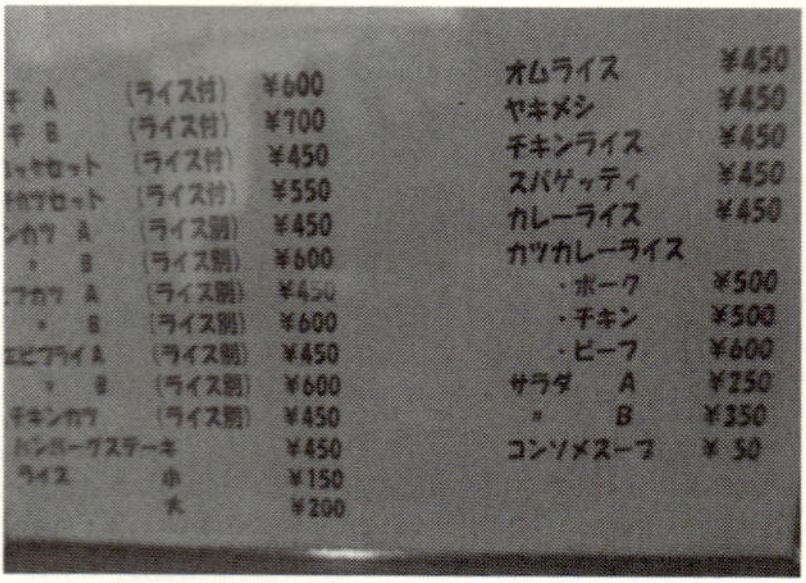

「ますや」のメニュー表

僕はこういう店では基本的にあれこれ話したり、訊いたりはしないので、あくまで推測だが、料理を作るのは主人で、サービス係担当は奥さんだろうと思う。

日曜日と祝日は定休だが、それ以外の日は朝十一時から夜六時半まで（土曜日は五時まで）の通し営業。そのあいだずっと、ご夫婦は狭いキッチンの中で顔を突き合わせて仕事をしているわけで、よほど仲がよくなければ務まることではない。

息の合った夫婦で作る料理がまずいわけがない。そして余計な人件費がかからない分、ぎりぎりまで価格が抑えられているのも実にありがたい。

人気のコロッケセットは、揚げたてコロッケが二個付いたプレートランチ仕立てでライスも付いて五百円でお釣りがくる。

カツとじ丼も、昔ながらのスパゲティもどちらもワンコイン以下の価格だが、味はたしかで、倍の値段が付いていたとしても納得するほどだ。

エビフライ、ビフカツ、カレーライスなどなど、何を食べても美味しいが、僕はたいていオムライス。

狭いキッチンからは、フライパンがコンロの上で激しく動く音が響き、やがて楕円《だえん》の銀皿に盛られて出てくるオムライスは、とても美味しい。

ふわとろなどという軟弱なものではなく、薄焼き卵できっちり巻かれたオムライスの上にはケチャップソースがどろり。しっかりとケチャップライスが炒めら

「ますや」の〈オムライス〉

れているから、最後まで熱々のまま食べられるのも嬉しい。味付けもボリュームも僕にはジャスト。それでいてワンコインでお釣りがくる。テークアウトも悪くはないが、すぐ目の前で作り上げられたオムライスを、間髪入れずに食べるのが洋食堂の醍醐味。わずか五十円とは思えないほどていねいに作られたコンソメスープと一緒に味わうと至福のひとときが訪れる。

京都で一番美味しいオムライスは、と聞かれたら迷わずこの店をお奨めする。それでいて良心の塊のような価格。これが奇跡でなければいったい何なのだ。

「レストラン 辻川東店」
レトロクラシックな洋食堂

▼▼▼MAP D ㉝

地下鉄烏丸《からすま》線、九条《くじょう》駅のほど近く、竹田街道沿いにある洋食店「レストラン 辻川東店」。食堂と呼ぶには、はばかられるようなクラシックな洋食屋。

かつて京の街には、こういうスタイルの洋食屋があちこちにあった。店の内外に、どこかしらヨーロッパを思わせる設えがあり、洋食と呼ぶより欧風料理と言いたくなるような店。お箸ではなく、紙ナプキンできちんと巻かれたナイフ・フォークで食べることを基本とする。

相当古くからあるのだろう店は、表が煙草屋を兼ねていて、煙草屋の奥にレストランがあるといった構え。このレトロ感を愉《たの》しみながら店に入ると、同じく店の中も、古き佳《よ》き時代を思い起こさせる設えだ。

「レストラン 辻川東店」の店内

洋食全般、たいていのものはメニューにある。

この店で僕が強くお奨めするのは、シーフードのフライ。とりわけ白身魚のフライは、タルタルソースの旨さも相まって、これぞ日本の洋食！　と叫びたくなるような味わい。

僕はこのタルタルソースというものが大好きで、エビフライやカキフライに載せて、白ご飯のお伴にするのが好物なのだ。ときおりマヨネーズ味の強い、既製品のタルタルソースが出てくるが、そのときのガッカリ感は、他にたとえようがないほど。

茹で卵、ピクルスなどがたっぷり入って、ほどよい酸味と甘み。なぜかこれがシーフードにしか合わないのも不思議で、トンカツに載せてもまったく美味しくない。

そのタルタルソース、僕はこの店のそれが一番好きだ。なので冬場なら当然カキフライ、それ以外の季節は白身魚のフライ。

適度な甘みと酸味。ねっとりとしたソースと、中に入っている具の食感。これらのバランスが保たれていなければ食が進まないのだが、この店のタルタルソースは、それだけをご飯の上に載せて食べてもいいくらい。

「レストラン 辻川東店」の〈日替わりランチ〉

もちろんそれだけがこの店の魅力ではなく、懐かしいスコッチエッグや、ミンチボール、ビフカツなどの肉類も抜かりなく美味しい。

初めてなら日替わりランチがいい。日替わりだから無論のこと、内容はその日によって異なるが、たいていはミンチボールと揚げ物の組み合わせ。これにスープとライ

スが付き、更にはコーヒーまで付くというお値打ちランチ。八百円以下で食べられるのも嬉しい限り。

九条駅といっても、京都駅からもそう遠くはない。京都旅の行き帰り、少しばかり時間に余裕をつくって、京都らしい洋食ランチに舌鼓《したつづみ》を打つのもいい。こんなところにこんな店が。そんな意外性も味に深みを与える。うんちく無用の洋食は京都の食の真骨頂。

「のらくろ」名物トルコライスとカキフライ ▼▼▼MAP E㉞

オーソドックスな洋食屋ながら、その店にしかない名物料理で人気を集める店がある。長く通いつめている「のらくろ」という店もそんな一軒。

洛北下鴨《らくほくしもがも》。京都でも有数の高級住宅街にあって、地元に住む京都人、世界遺産のひとつに数えられる「下鴨神社」に参詣した観光客、その両方が適度なバランスを保つ稀有《けう》な店。それが「のらくろ」。名物料理は〈トルコライス〉だ。

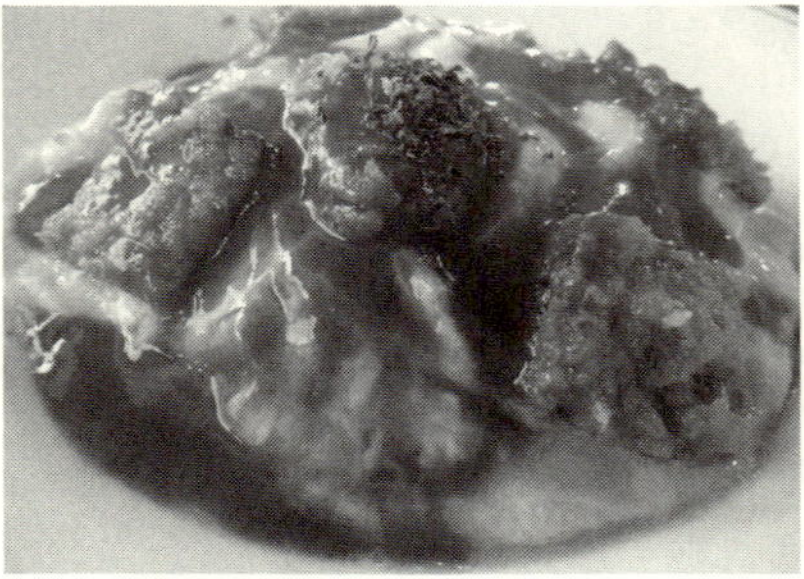
「のらくろ」の〈トルコライス〉

〈トルコライス〉と言えば長崎の名物料理。いわゆるご当地グルメとしてよく知られている。

ピラフかドライカレー、そこにナポリタンスパゲティと、ドミグラスソースの掛かったカツ。この三つがひと皿に盛り合わされた料理を〈トルコライス〉と呼ぶのが一般的だ。

だが「のらくろ」の〈トルコライス〉はそれとは違って、いわば洋風カツ丼といったところ。

炒めたケチャップライスがベース。そこに、ひと口カツの卵とじが載り、さらりとしたデミグラスソースが掛かる。見た目も、食べた味わいも、本場長崎のそれよりも、うんとあっさりしている。

観光客のお目当てはこの〈トルコライス〉だが、地元京都人の多くは洋食ランチを目指す。

通常、洋食屋さんのランチは、AとBの二種類くらいなのだが、「のらくろ」には、A、B、C、N、Sと五種類もの定食がある。

一番豪華なA定食は、ビーフステーキとエビフライの取り合わせ。最も安価なC定食はハンバーグとカニクリームコロッケ。値段がどうのこうの、ではなく、何を食べたいかで、オーダーを決める。それが「のらくろ」流。

そして、忘れてならないのが、この店のカキフライ。

「のらくろ」の〈カキフライ〉

店の中に《カキフライ始まりました》の貼り紙が出るのを、今や遅しと待つ秋の昼下がり。

貼り紙を見つけたら、何も迷うことはない。〈カキフライ〉をオーダー。

待つことしばし。丸皿に載せられて登場した〈カキフライ〉。

この店の〈カキフライ〉はまず、そのサイズがいい。大きすぎず、かと言ってけっして小ぶりではない。次にその量がいい。その日の大きさにもよるのだろうが、たっぷり七個。サラダを枕にして、ごろごろと転がり、カットレモンが添えられる。もちろんタルタルタルソースはしっかりと、ガラスの器に入って別に添えられる。

ここのタルタルソースも見事なまでに美味しい。これを絡めて、ときにはウスターソースを掛けて、ご飯と一緒に食べると、一挙にしあわせ感に包まれる。牡蠣《かき》の走りの秋、旬を迎える真冬、そして名残の春。シーズン中、最低でも三度は食べないと気が済まない。それが「のらくろ」の〈カキフライ〉。

洋食屋に限らず、市井の飲食店は、夫婦で商《あきな》うのを旨とする。いつしかそれは僕の中での規範となり、或《ある》いは最上の形となった。

先代から引き継ぎ、夫婦ふたりで店を切り盛りする。その中に身を置く安心感は、洋食の味わいを丸く、やわらかくしてくれ、ある種の軽さをも感じさせてくれる。

とかく揚げ物は胃を重くさせてしまうが、「のらくろ」のそれはいつも軽く、食べ終えてもなお、もう少し食べたいと思わせる魅力を秘めている。

「のらくろ」という店名も不思議なら、その料理の味わいも謎に満ちて軽やかなので、齢《よわい》を重ねても通い詰めてしまうのである。

「GENPE（ゲンペ）」学生街の洋食堂

▼▼▼MAP B ㉟

地下鉄烏丸線の北大路《きたおおじ》駅といえば、主要ターミナルであり、かつ学生の街でもある。かつてこの界隈は烏丸車庫と呼ばれていて、京都市電の拠点として誰もが知る地だった。

「GENPE」の店内

京都の路面電車は廃止され、その代わりに誕生した地下鉄烏丸線では、北大路駅という駅名になった。ここには「大谷大学」という大学があり、大学と共に発展を遂げてきた町だとも言える。

学生たち、そして教職員の胃袋を満たしてきた店は何軒か残っていて、洋食の店「GENPE」もそんな一軒。

以前は烏丸通側だけに門戸を開いていた「大谷大学」は近年になって、北大路側にも門を造り、そのわずか数軒西に「GENPE」がある。

入口のガラスドア、店内のテーブルと椅子、インテリア、と洋食屋というよりは、カフェっぽい空気が漂っていて、それは料理にも表れている。

夫婦ふたりで営む店。そう聞けば誰もが、主《あるじ》が料理を作り、奥さんがそれをサーブするという姿を想像するだろうが、「GENPE」は逆。

小さな厨房の中でフライパンを振るのは奥さんのほうで、出来上がった料理を運んでくるのはご主人のほうだ。店の空気がやさしいのは、きっとマダムが料理を作るせいだろうと思っている。

店の外に掲げられたメニュー看板も、女性らしい愛らしさが見てとれる。

メニューはさほど多くなく、定食が十四種、軽食が十一種ほど。僕のお奨めは、定食系では〈Bセット〉。洋食の王道、エビフライとハンバーグのセットである。

すべての料理は、注文が通ってから作り始められるから、少しばかり時間がかかる。

ハンバーグをこねる音がし、やがてフライパンに熱が入り、芳《こう》ばしい薫りが漂ってくる。

待つことしばし。ご主人が木製のトレイを運んでくる。野菜サラダを枕にしてメイン料理が大皿に載っている。ご飯、味噌汁、漬物、そして小鉢に入った小さな冷奴《ひややっこ》。

ナイフ・フォークではなく、お箸で食べる。エビフライには、タルタルソースのような、マヨネーズソースが掛かり、あっさりとした味わい。一方でドミグラスソースがたっぷり掛かったハンバーグは濃密な味で、交互に食べるとメリハリが効いて、ご飯が進む。

「GENPE」の〈オムライス〉

軽食メニューでのお奨めは〈オムライス〉。

僕の好きな、かっちり巻いた〈オムライス〉は、シンプル、かつオーソドックスなスタイルなので、万人に向く味だと思う。

こういうライスものを作るには、フライパンを大きく振らなければならないので、なかなか女性には大変だろうと思うが、見ているとダイナミックな動きだ。

細かく刻んだ鶏肉とタマネギが入ったケチャップラ

イス。もちろんグリーンピースが混ざっている。それを包んだ薄焼き卵には、ケチャップが帯状に掛かり、家庭的な仕上がり。ガラスの小鉢に入ったミニサラダが添えられるのも嬉しい。

ケチャップを薄く広げ、最初はそのまま食べて、半分ほど進んだころに、タバスコを振りかけ、卓上のウスターソースを数滴掛けて、味に変化を付ける。

女性が作るせいか、どこことはなしに、おふくろの味が感じられ、食べ終えるころには、ほっこりとなごむ。男性シェフが作る洋食とは、少しく趣きが違い、どれを食べてもやさしい味わいが愉しめる「GENPE」。こんな店が近所にあるのは、なんともありがたい。

「グリル富久屋」舞妓ちゃん御用達

▼▼▼MAP C ㊱

川端松原東。たとえばタクシーに乗って、行先をそう告げたとすれば、ドライバーはきっと、花街宮川町《みやがわちょう》で遊ぶ客だろうなと、ルームミラーを見るはずだ。

京都には五つの花街があり、祇園の北と南、先斗町《ぽんとちょう》、上七軒《かみしちけん》、そして宮川町とそれぞれが個性を競い合い、ひいき筋の旦那衆が夜な夜な通い詰めている。

近年、道筋が美しく整備されたこともあり、新たにオープンする飲食店も増えてきて、賑《にぎ》わいが増してきたように感じられる。

川端通から松原通を東に入ってすぐ。通りの北側に店を構える「グリル富久屋《ふくや》」は明治四十（一九〇七）年の創業。ゆうに百年を超える老舗《しにせ》である。

店の前にはガラスのサンプルケースがあり、控えめな外観も相まって、老舗洋食店というより、気楽な街の喫茶店という空気を漂わせている。さほどの歴史もないのに、重々しい構えで老舗を装う店とは、正反対の姿勢。本物はかくあるべし、というお手本のような店である。

店に入っても、その軽やかな空気は変わらず、しかしメニューを開くと、そこはやはり老舗洋食店。クラシックな洋食がずらりと並ぶ。

〈玉子調理〉、〈米飯調理〉、〈鮮魚・海老調理〉、〈精肉調理〉という品書きが、長い歴史を感じさせる。

さて、この店の名物メニューはといえば、舞妓ちゃんたちも好んで食べるという

〈フクヤライス〉。

ライスと付くからには〈米飯調理〉である。一般的にはオムライスということになるだろうか。ケチャップライスを玉子で包み込んだ料理。

だが、そのビジュアルの美しさには誰もが驚き、歓声を上げる。

赤いケチャップライスの上に載る半熟状のオムレツには、マッシュルーム、トマト、グリーンピース、刻んだハムが混ぜこまれていて、その彩りは、さながらお花畑。添えられたプチトマトとパセリがアクセントとなり、店名を冠するだけあって、このひと皿を食べただけで、店の有り様が分かる。さすが花街の洋食屋だと、誰もが感じ入る〈米飯調理〉。

この店では〈フクヤライス〉の他にもお奨めしたいメニューがたくさんあり過ぎて、さて何を、と大いに迷う。

〈洋食弁当〉を出す店も、最近ではずいぶん少なくなってきたから、まずはそれをご紹介しようか。

〈並〉と〈上〉があるが、僕はいつも〈並〉。

楕円形の弁当箱は、斜めに仕切りが入っていて、左下が黒ゴマを散らしたご飯。右上が洋食のおかず。これに味噌汁が付く。

洋食の中身は、エビフライ二尾、ひと口カツ二枚、ハンバーグ二個、白身魚フリットひと切れ。当然のことながら、すべてが店で手作りされたものだから、小さくても味は真っ当な洋食そのもの。

洋食とは悩ましい料理で、あれも食べたい、これも食べたいと思いながら、ひと皿のボリュームを考えれば、絞り込まねばならず、その悩みを解消してくれるのが、この〈洋食弁当〉である。エビフライ、カツ、ハンバーグと揃えば、それで充分満足でき、思い残すことはない。

「グリル富久屋」の〈洋食弁当〉

この店で食べてほしいものは、まだまだある。きりがないのでひとつだけ。

サンドイッチである。最近は京都名物の様相を呈してきた〈タマゴサンド〉でもいいのだが、できれば〈エビサンド〉を食べてほしい。

エビフライはもちろん揚げたてで、それを挟むトーストパンも焼き立て。その間を取り持つタルタルソースの甘酸っぱさが爽やかそのものので、これらが三位一体となる〈エビサンド〉は唯一無二の旨さだと思う。

数多《あまた》ある洋食屋の中で、食堂の空気を残しつつ、花街の艶も感じさせながら、伝統的な洋食を味わえる「グリル富久屋」は、いつまでも残してほしい貴重な店だ。

「グリルはせがわ」
至福のハンバーグ

▼▼▼MAP B ㊲

洋食全般、何を食べても美味しいのだが、わけても名物といえばハンバーグ。ほとんどの客のお目当てはハンバーグである。

そう聞いて、

――あの店のことだな――

とピンときた食いしん坊の方も多いだろうと思う。

北大路通が賀茂《かも》川と交差する西北角。「グリルはせがわ」は行列の絶えない人気店である。

フレンチでもイタリアンでもなく洋食。ある意味で日本固有のジャンルだが、その二大人気といえば、フライものとハンバーグだということに異論はないだろうと思う。カレーやピラフなどの味付けライスものを加えることはあっても、おかずとしての洋食は、フライとハンバーグに尽きる。

店は二本立てで、北大路橋を間近に望む角には、テークアウト専門のショップがあり、ここも多くの客が群がっている。そのすぐ西側にレストランの入口があり、行列が絶えることはない。

僕は行列が大の苦手なので、十一時十五分の開店から間をおかずに店に入る。おおむね十一時半を過ぎると満席になるから、早めの入店は必須である。

大きなメニューリストに、ぎっしりと洋食が並び、文字で埋め尽くされている。これを見ているだけでお腹が鳴る。

ハンバーグ、揚げ物、スパゲティ、カレー、ピラフ系、サンドイッチ、飲みもの、洋食のセットものなどなど。

テーブルには木製の小さなメニューが置かれていて、そこには平日の日替わりサービスランチメニューが書かれている。

月曜日が定休なので、火曜日から。ハンバーグ、コロッケ、魚フライ、トンカツと続く。値段は八百円。これにエビフライをプラスするAランチはジャスト千円。

僕の狙いは火曜日のAランチ。十一時二十分。この時間ならスムーズに店に入れる。

L字型になった店の中はかなり広い。すべてテーブル席で数十席はゆうにある。これが昼にはあっという間に満席になり、店の外で待つ客が多数出るのだから、その人気のほどが知れようというもの。

「グリルはせがわ」の火曜日の〈Aランチ〉

待つことしばし。洋食屋さんお馴染《なじ》みの丸皿におかずがぎっしり。野菜サラダ、ポテトサラダ、ケチャップスパゲティ、ハンバーグ、エビフライ。これに皿盛りライスと味噌汁が付く。

肉がみっしりと詰まったハンバーグには、赤いケチャップソースがたっぷりと掛かり、身を開いたエビフライにはタルタルソースがどろりと掛かる。なんとも食欲をかきたてる眺めだ。

しっかりと噛みごたえのあるハンバーグが美味しい。テーブルに置かれたソースを少し垂らし、タバスコを振り掛けるとスパイシーな味に変わって、ご飯によく合う。タルタルソースをまぶしたエビフライもご飯と一緒に食べると、とても美味しい。

最近の洋食は、小細工をしたり、過剰なまでの値打ちを付けたりし過ぎているのではないか。常々そう憂いている僕には、この店の潔いまでの直球勝負が嬉しい。

なんの衒《てら》いもなく、ただただ美味しい洋食を食べてもらおうとする店の意欲を、誰もが肌で感じ取るからこその繁盛ぶりなのだろう。

美味しいハンバーグを食べたくなったら「グリルはせがわ」へ。狙いは火曜日の十一時二十分。

「洋食レストラン ポパイ」
懐かしの洋食弁当

▼▼▼MAP C ㊳

京都の官庁街ということになるだろうか。京都府庁、京都府警察本部が居並ぶ界隈には、京都第二赤十字病院もあり、通りを行き交う人の数は多い。
京都を東西に貫く丸太町《まるたまち》通から、釜座《かまんざ》通を北に上ると、正面に風雅な京都府庁が顔を覗《のぞ》かせ、その両側には緑の街路樹が続く。

少しばかり京都には珍しい光景で、近隣の住民からは、〈府庁前のケヤキ並木〉と呼び親しまれている。

中央に二車線の道路とパーキングゾーンがあり、その両側にケヤキ並木が続き、更にその外側に路側帯がある。夕暮れどきともなれば、ケヤキが夕陽に染まり、どことはなしにパリの街角を思わせるような光景が現れる。

通りの東側には病棟が並び、西側にはさまざまな店舗が並ぶ。官庁街でありながら、多くが訪れる大きな病院があることから、飲食店も少なくない。

蕎麦屋、パン屋、喫茶店などなど。昼どきなどはどの店も大勢の客で賑わっている。

丸太町通のひと筋北にある東西の通りは椹木町《さわらぎちょう》通と呼ばれ、その椹木町通と釜座通の西南角。ビルの二階に店を構えるのが「洋食レストラン ポパイ」。いたって気楽な洋食堂である。

ビルの一階にはパン屋が入っていて、その横にある階段を上ったところが「ポパイ」。階段の上り口にサンプルメニューが並んでいる。

ひと昔前までは、飲食店の店頭には必ずといっていいほど、このサンプルメニューが並んでいて、それを見ながら品定めするのが常だった。どれも美味しそうに作られていて、実物よりも大きいというのもご愛嬌で、サンプルとはそういうものだと思っていた。

「洋食レストラン ポパイ」の〈洋食弁当〉

何を食べるかを決めている人の足取りは軽く、決めかねている客は一段、一段ゆっくりと上っていく。僕はもう決めているから早足で上る。

名物は〈とんかつ〉らしい。というのも、〈とんかつ定食〉というメニューの他に、〈大とんかつ〉、〈中とんかつ〉もあり、大きさで選び分けられるようになっているからだ。

〈ハンバーグ定食〉、〈海老フライ定食〉、〈ビフカツ定食〉、〈焼肉定食〉、〈海老コロッケ定食〉と、洋食屋さんの定番メニューが並ぶ。

中でひときわ目を引くのが〈洋食弁当〉九百円。

サンプルメニューと同じく、この〈洋食弁当〉も、かつてはたいていの洋食屋さんのメニューに載っていたが、今ではずいぶんと少なくなってしまった。フレンチでもイタリアンでもない、洋食という日本独自の料理を象徴するようなメニューだと思っていたので、しごく残念だ。

黒い横長の弁当箱には、左三分の一くらいのスペースに、黒ゴマが振られた白いご飯、右側三分の二におかずがぎっしりと詰められている。

メインのおかずは海老フライ、ハンバーグ、とんかつ、海老コロッケと多種多様。サイズは小さめながら、充分満足できる量。小さなハムの上に盛られたポテトサラダ、フレッシュなグリーンサラダが、弁当箱の上四分の一くらいのスペースを占める。これに味噌汁と漬物が付く。

おかずとライスが別々の皿に盛られて出てくると、洋食という空気になるが、弁当箱に入っていると、和食の趣きが強くなる。もちろんお箸で気軽に食べられる。言うなれば和風洋食。

通常のメニュー以外に日替わりメニューもあり、それも階段下に掲示される。何を食べるか決めて、階段を上っていくときの昂揚感は、洋食堂ならではのものかもしれない。

「Saffron Saffron(サフラン サフラン)」ビジネス街のカジュアル洋食 ▼▼▼MAP C㊴

近年、急激に飲食店が増えてきた地域に、烏丸通を挟んでの仏光寺《ぶっこうじ》通や綾小路《あやのこうじ》通界隈がある。

和食店、イタリアン、ビストロ、鮨《すし》屋などなど、どちらかと言えば〈おとな向き〉の落ち着いた雰囲気が漂う瀟洒《しょうしゃ》な飲食店。メディアでは〈四条南《しじょう》エリア〉と呼ばれているようだ。

最近はこの近くの「からすま京都ホテル」に、原稿執筆を目的として滞在することが多く、昼に夜に、このエリアを歩き回って、美味しい店捜しをしている。

そんな折に見つけたのが「Saffron Saffron」という店。

仏光寺通と東洞院《ひがしのとういん》通の角にあって、ウッディーな外観も軽やかな洋食屋さんだ。

界隈はビジネス街とあって、ランチタイムともなると、大勢の客で賑わい、少し出遅れるとしばらく待つはめになる。

古民家をリノベーションした店らしく、一階と二階に客席が分かれている。一階はカウンター席で、二階はテーブル席と掘りごたつ式になった座敷席。ランチなら一階、ディナータイムなら二階の座敷席を狙いたい。

メイン料理に豚汁とご飯、他におかずが三品とサラダが付いた〈日替わりランチ〉八百六十円がランチタイムには一番人気があるようだ。〈デミハンバーグプレートランチセット〉や〈オムライスランチセット〉、〈カツカレーセット〉、〈ぷりっとエビフライプレートランチセット〉など、十種類ほどあるランチセットは、どれもが千円以下というお値打ち価格。まさにビジネス街の洋食堂といったところ。食堂価格ながら、オシャレな洋食ランチを食べられるのだから、人気が集まって当然なのかもしれない。

せっかくだから、ゆったりとランチタイムを愉しみたいとなれば、〈お昼のコース〉千五百八十円と、〈サフランコース〉二千三百円の、ふたつのコースから選べばいい。

この店を食堂というジャンルに入れてもいいか、ずいぶんと迷ったが、ランチタイムはもちろん、ディナータイムでも、食堂並みの値段で美味しい洋食にありつけるのだから、間違ってはいないだろうと思う。

ディナーコースは二種類あって、〈サフランコース〉が二千三百円、〈クロッカスコース〉が三千二百円。ランチではなく、ディナーコースでこの価格というのは、他ではあり得ない。

「Saffron Saffron」の〈日替わりランチ〉

そして嬉しいことに、ディナータイムでも、サラダ、スープ、ライスが付いたセットメニューがあって、驚くなかれ〈目玉焼きハンバーグセット〉が千三百六十円なのだ。更にありがたいことにこの店は、豊富に揃ったワインもリーズナブルな価格設定。
というわけで、僕はもっぱらこの「Saffron Saffron」を夜の洋食堂として、愛用している。
夜はアラカルトから始める。〈ピクルス〉、〈プレミアソーセージ盛り合わせ〉、〈生ハムグリーンサラダ〉

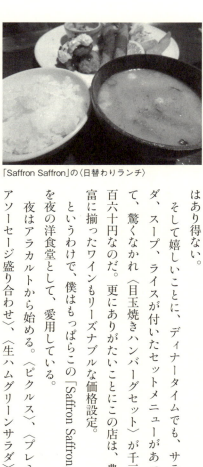

などなど。これにボトル・スパークリングワインを合わせる。ゆるゆると至福の時間だ。

最後はセット。〈特製ハンバーグとエビフライ・エビクリームコロッケよくばりセット〉。通常のライスでもいいのだが、ライス抜きにして〈カレーライス〉を追加する手もある。この〈カレーライス〉が実に美味しいのだ。

冬場には〈牡蠣フライ〉も登場し、それとハンバーグ、カレーなどと組み合わせるのも愉しい。気軽に、手軽に、美味しい洋食を堪能できる「Saffron Saffron」は、昼夜を問わず、今一番お気に入りの洋食堂である。

「吉長亭」古き良き洋食

▼▼▼MAP C 40

ビジネス街のはずれ、といった位置になるのだろうか。西洞院通の松原を少し北に上ったところの西側。さりげない構えの洋食屋「吉長亭《よしちようてい》」がある。

西洞院通というのは、堀川《ほりかわ》通と烏丸通のちょうど中間辺りを貫く南北の通りである。この区域の道はほとんどが一方通行であるのに対して、西洞院通は二車線あり交互通行できる。烏丸通や堀川通が混雑しているときの抜け道として利用することが多く、この店の前は何度も通り過ぎていて、その度に気になっていながら、たいていは急いでいるときなので、やむなく素通りしていた。

機会というのは突然訪れるもので、ある日の昼下がり、この界隈の小さな神社を参拝して後、偶然この店の前を通りかかった。

「吉長亭」

コカ・コーラのマークが入ったスタンド看板を何度も見ていたので、喫茶店の洋食ランチだろうと思いこんでいたが、実は年季の入った洋食店だということが、店に入って初めて分かった。

カウンター席はなく、すべて四人掛けのテーブル席。ソファタイプのゆったりした椅子、茶色のクロスが掛かったテーブル。まごう方なき洋食屋だ。

ビニールケースに入ったメニューには、〈ハンバーグステーキ〉七百五十円、〈ビーフカツレツ〉千三百円、〈ビーフ照り焼き〉千七百円、〈ビーフステーキ〉二千五百円など、オーソドックスな洋食メニューが並ぶ。食堂などと気楽に呼んではいけないような店かと思いきや、〈お昼のメニュー〉と記された、別のメニューにはいたって気軽で手ごろなメニューが並んでいる。

一番上に書かれた〈スペシャルランチ〉こそ千三百円だが、〈Aランチ〉は千円ちょうど、〈Bランチ〉は八百円と洋食堂価格だ。ちなみに〈スペシャルランチ〉には、ハンバーグ・ロースハム・海老フライ・トンカツ・目玉焼きが付いていて、その内容をみれば充分お値打ち。と、分かった上で、最も手ごろな〈Bランチ〉を注文した。

洋食屋らしく、ライスとおかずはそれぞれ、白い丸皿に盛られて出てくる。

箸紙に書かれた〈西洋御料理〉という文字がこの店の歴史を物語る。

淡いドミグラスソースが掛かった、紡錘形《ぼうすいけい》のハンバーグ。いくぶん大きめに三等分されたトンカツ。一枚を半分に切った、縁が赤いハム。そしてサラダ。洋食ランチの見本のようなビジュアル。ドミグラスソースに散らされた、グリーンピースが懐かしくも嬉しい。

お箸でハンバーグを切り、ドミグラスソースをたっぷりまぶしてから、ご飯に載せる。まさに洋食の醍醐味。

若い人には少し物足りない量かもしれないが、僕にはちょうどいい分量で、ウサギの形に切った、懐かしいリンゴまで食べて満足の洋食ランチだった。

と、隣のテーブルに届いた〈スペシャルランチ〉を横目で見ると、目玉焼きが四角くカットされている。目玉焼きは好物なので、あちこちの店で食べているが、四角い目玉焼きは初めて見た。

「吉長亭」の〈Bランチ〉

というわけで、二度目は少し贅沢をして〈スペシャルランチ〉。ご飯が足りなくなるほどにおかずが充実していて、ハムは上等のロースハムになり、トンカツも〈Bランチ〉よりいくらか厚めに感じた。

次に来たときは、スペシャルかBか。Aという手もあるなと思いながら、サービス品と書かれたメニューに〈カツライス〉七百円というものがあり、また迷いの種が増えたのであった。

「とんかつ一番」ノスタルジックとんかつ

▼▼▼MAP D ㊶

僕が子どものころ、何がご馳走かといって、とんかつに勝るものなどなかったように思う。もちろん、鮨だとかステーキだとかも、ご馳走だったが、日常的なご馳走となれば、とんかつが一番だった。きっとそのままを店の屋号としたのだろう。子どものころ、親に連れられて「とんかつ一番」に行って、とんかつを頬張ったときは、妙に納得したものだった。

五十年近く前の記憶なので、かなり曖昧なのだが、当時の「とんかつ一番」は、木《き》屋町《やまち》通の四条を少し下がった辺りにあったと思う。

お弁当に入ったとんかつを、座敷で食べたような記憶もあり、洋食というより和食のイメージが強かった。

とにかく歩くことが好きで、少しの時間を見つけては、寺社仏閣を訪ね、その周辺を歩く。その日は「西本願寺《にしほんがんじ》」の唐門で見逃していた装飾があったので、それを確かめに行った帰り道。ホテルのある京都駅方向に向かいながら、細道に入り込んで探索をしていた。

赤い提灯《ちょうちん》が目に入った。こんなところに居酒屋が、と思ってよくよく見ると、〈とんかつ一番〉と書かれているではないか。記憶が一気によみがえった。たしか当時の店にも同じような赤い提灯が下がっていたように思う。この日のランチは既に店を決めていたが、当然ながら予定変更。豚がコック帽をかぶったような、愛らしいイラストの描かれた暖簾《のれん》をくぐった。

「とんかつ一番」の店内

店に入って左手は、銀行の窓口のようなカウンター席。右側にテーブル席が並んでいる。この日は空いていたので四人掛けのテーブル席に座った。

ゆったりとした茶色のソファ椅子だが、床が斜めになっているのか、どう座ってもガタつく。こういうことを気にする人もいるのだろうが、僕などはむしろ、

「とんかつ一番」の〈とんかつ弁当〉

これも味のうち、として愉しむことにしている。

メニューを開く。

〈とんかつ〉は単品、〈ヒレ肉のとんかつ〉、〈特製大とんかつ〉など、部位別、分量別のメニューもあれば、天婦羅ならぬ〈とん婦羅〉なんていう変化球もあり、更にはクラシックな洋食メニューである〈ポークチャップ〉なんかもある。〈ソースかつ丼〉や〈チキンライス〉などのご飯ものもあって、あれこれ迷ったが、やはりここは懐かしの〈とんかつ弁当〉にした。

〈とんかつ弁当〉は、鰻重のごとく、松竹梅に分かれていて、いつものように中ほどの〈竹〉八百円にした。

きっと地元に根付いているのだろう。出前や持ち帰りの注文がひっきりなしに入る。そんな慌ただしさを横目にして待つことしばし。

――おまっとうさん――

少々ガタつくテーブルに置かれた横長の弁当箱が、なんとも懐かしい。

黒塗りの弁当箱は、中を赤く仕切られていて、左下がご飯、右上がとんかつという区分けがなされている。右下の区画はスパゲティとドミグラスソース味のおかずが入っていて、左上がサラダと和風のおかず、という配分になっている。

右上のとんかつ。一枚のロース肉を半分にして、それを四つに切ったのだろうか。適度な厚みがあって、八百円の弁当とは思えないほど、しっかりしたとんかつだ。

やれ、塩で食え、だとか、厚みがどうだとか、しち面倒くさいことを宣《のたま》うフリークもいるようだが、とんかつなんてものは、これくらいがちょうどいい。ソースを絡ませ、ご飯に載せて、大きな口を開けて食べる。噛みしめるうち、じわじわと豚の旨みが口に広がっていき、それを白ご飯で中和する。口直しにほかのおかずも間に挟み、またとんかつとご飯に戻る。

やっぱり一番のご馳走はとんかつだ。半世紀経ってもそれは変わらない。

第五章 京都ならではの「中華食堂」

京都中華

俗に〈京都中華〉という呼び名があるほど、京都の中華料理は独自の発展を遂げ、そして今、その流れは風前の灯火と化している。

中国料理は、地方によっていくらか内容が異なり、それは大きく四つの地方に分けるのが一般的なようだ。北方、西方、東方、そして南方。このうち古くから京都に根付いたのは北方の北京《ペキン》料理と、南方の廣東《カントン》料理。とりわけ薄味で材料の持ち味を生かすといわれる廣東料理は、街場の中華料理店に広く浸透していった。シュウマイ、チャーシューなどの庶民にも身近な料理は今も〈京都中華〉のシンボルともなっている。

和食の食材や調理法も取り入れ、あっさりとして胃にもやさしい中華料理は、花街《かがい》からも愛され、或《ある》いは懐にもやさしいことから、学生からも親しまれ、ある意味で和食以上に、都人から親しまれ、発展を続けてきた。

「大三元」「平安楼」「鳳舞」。今はなき店を懐かしみながら、そんな薫りを今に留める店のいくつかをご紹介しつつ、新たな流れを作る店もお奨めしておく。京都でしか味わえないだろう〈京都中華〉を是非。

「中華処 楊」
中華風カツ丼とは？

▼▼▼MAP C ㊷

四条《しじょう》通は、東の「八坂《やさか》神社」、西の「松尾《まつお》大社」を結ぶ、東西八キロほどの長い通り。観光客が訪れるのは、おおむね烏丸《からすま》から東と、あとは「松尾大社」近辺に限られていて、烏丸から堀川《ほりかわ》、西大路《にしおおじ》へと至る四条通はほぼ観光客とは無縁の道筋である。

つまりはこの界隈にある飲食店は、おおむね地元京都人に向けての店であり、一見したところ京都らしさをまったく感じさせない。

四条堀川を少し東に入った辺りの北側に店を構える「中華処 楊《ヤン》」もそんな一軒で、吊り下げ看板が逆さ文字になっている辺りは、中国の〈倒福〉を彷彿《ほうふつ》させ、本場の味を期待させる。

さほど広い店ではない。店に入ってすぐ右手が厨房《ちゅうぼう》になっていて、カウンター席を挟んで、左手にテーブル席が奥まで続く。

昼夜を問わず人気の店で、入れ代わり立ち代わり、馴染《なじ》み客がやってくる。テークアウトも人気なようで、あらかじめ注文しておいた料理を、自転車で取りに来るオバチャンもいて、まさに地元密着型の店。

メニューも豊富で、一般的な中華だけでなく、季節の食材を中華風に仕上げた季節限定メニューなどもあって、食べ飽きないように工夫されている。

夏場などは、京都らしく鱧《はも》を使い、〈鱧の香味ソース炒め〉や〈鱧のチリソース〉など、この店でしか味わえないオリジナルメニューがある。これらはきっと観光客にも喜ばれるだろうと思う。鱧は和食のみにてあらず、がいかにも京都の店らしい。

「中華処 楊」店頭のサンプルケース

この店オリジナルの中華メニューは、ほかにもいくつかあって、その象徴ともいえるのが〈中華風カツ丼〉。

一般的なカツ丼は卵でとじた和風味。他にもソースカツ丼や、カレー味のカツ丼、ドミグラカツ丼など、いわゆるご当地グルメとして、カツ丼のバリエーションはあれこれあるが、中華風のカツ丼を名物としている店は、意外に見当たらない。そしてこれが実に旨いのである。

初めてこれを見たときは、普通のカツ丼かと思った。丼ご飯の上にカツが載り、その上から卵とじの餡《あん》が掛かり、グリーンピースがぱらぱら。

「中華処 楊」の〈カツ丼ラーメンセット〉

と、しかし、食べてみると普通のカツ丼とはまるで異なる味わいで、言うなれば、天津飯《テンシンハン》の餡にも似た味がカツを覆っているのだ。

排骨飯《パイコーハン》のアレンジなのかもしれないが、独自の味わいに仕上がっている。カラッと揚ったカツはひと口サイズにカットされ、そこに絡む餡は、中華風の味でありながら、どことはなしに和の風味も感じられ、何よりあっさり食べられるのが嬉しい。

日本人にとって、カツ丼という料理は、限りないご馳走であって、なればこそ、ソース味にしたり、ドミグラスソースを絡めたり、更にはカツカレーだとかに仕立てて、ランチとしては、という限定であっても、最上級のご馳走としてきた。

そのカツ丼の中華バージョン。一度食べると病みつきになる。普通サイズでもいいが、ミニカツ丼として、ラーメンとセットにすると、より一層愉《たの》しめる。これで九百円というのは、かなりお値打ちだと思う。このミニ丼とラーメンのセットは、他に天津飯や中華丼、麻婆《マーボー》丼に代えることもできる。

他にこの店でのお奨めは〈日替わり定食弁当〉。

酢豚だとか、海老玉などのメインのおかずが日替わりで、長方形の弁当に詰められている。副菜がふた品、サラダとスープが付いて七百八十円と、これまたお値打ち価格。迷ったときは〈日替わり〉、決め打ちするなら〈中華風カツ丼〉。この店での僕のお奨めである。

「柳園」名物カレーラーメン

▼▼▼MAP B ㊸

中華に限らず、食堂というものはたいてい、傑出した名物を持っていて、初めて訪れた客のほとんどがそれを食べる。そして次回は別のメニューを食べ、その次はまた元に戻り、といったパターンを繰り返し、やがて常連客になってゆく。

名刹相国寺《しょうこくじ》のほど近く、烏丸上立売《かみだちうり》を上《あが》ったところにある「柳園《りゅうえん》」の名物は〈カレーラーメン〉である。

「柳園」の〈カレーラーメン〉

カレー好きの僕は、〈カレーラーメン〉が好物なのだが、京都ではこれをメニューに載せている店は意外に少ない。あれば必ず食べるのだが、店によっては、普通の醤油《しょうゆ》ラーメンにカレー粉を混ぜただけ、といったようなものもあり、真剣に〈カレーラーメン〉と向き合っている店は、京都には数えるほどしかない。

などとエラそうなことを言っているが、実は僕はこの「柳園」で初めて〈カレーラーメン〉を食べ、そのあまりの旨さに驚き、魅入られてしまったのである。それが今から十二、三年ほど前のことだから、語る資格などないかもしれない。

そもそもしかし、〈カレーラーメン〉はいつからあったのだろうか、と調べてみて驚いた。北海道の室蘭《むろらん》、新潟の三条《さんじょう》市、千葉県、と発祥の地は三カ所の説に分かれるが、いずれにしても五十年をはるかに超える歴史があるというのだ。

今では日本の国民食と言われるカレーとラーメンを、一緒にして食べようと思っても不思議ではないのだが、半世紀以上も前からあったとは。

だが、とも思う。それにしては広がりが少ないのではないか。

カレーショップ、ラーメン屋、どちらもおびただしい数の店がある。なのに〈カレーラーメン〉を出す店は圧倒的に少ない。うどんと合わせた〈カレーうどん〉、トンカツと合わせた〈カツカレー〉と比べるとその差は一目瞭然。それはなぜか。

あくまで私見に過ぎないのだが、ラーメンのスープとカレーはあまり相性がよくないように思える。うどん出汁《だし》やトンカツとは容易に寄り添えても、ラーメンのスープとは馴染みにくい、ような気がする。したがって、真っ当な味の〈カレーラーメン〉を作るのは難しいのだと思う。醬油、塩、味噌、のついでにカレーも、というわけにはいかないことをラーメン屋の主人はよく分かっている。だから〈カレーラーメン〉

をメニューに載せる店が少ない。

裏を返せば、〈カレーラーメン〉を出す店で食べれば、間違いなく美味しい〈カレーラーメン〉に出合える、ということになる。前置きが長くなったが、それを見事に証明しているのが「柳園」だと言いたいのである。

この店の〈カレーラーメン〉を食べずして、〈カレーラーメン〉を語るなかれ。声を大にしてそう言いたい。

ラーメンスープとカレーの一体感をまずは味わいたい。レンゲですくって、どろりさと濃厚なスープを飲む。熱い。辛い。そして旨い。そしてストレート麺をすする。麺の香りとカレースープの味が渾然一体となる。具のチャーシュー、茹で卵、ホウレンソウ、メンマ、ネギは、スープがあまりに濃厚すぎて、沈むこともできず、ずっと浮かんでいる。ボリュームもあり、最後まで熱々なので、一杯のラーメンにしては、食べ終えるまでに時間がかかる。

食べ終えての満足感は比類がない。

「柳園」は中華食堂なので、もちろん〈カレーラーメン〉以外にも幾種ものメニューがある。

麺類なら〈五目そば〉、〈ワンタン麺〉、〈焼そば〉など。ご飯ものなら、〈焼めし〉、〈天津飯〉、〈中華丼〉。〈ぎょうざ〉や〈鶏肉の唐揚げ〉などの一品ものから、〈日替わり定食〉や〈豚汁セット〉などの定食類もある。

初めて訪れるなら〈カレーラーメン〉をなんとしても食べてほしい。そしてきっとリピーターになるはずだから、次は別のメニューを。と、思いながらもまた〈カレーラーメン〉になるような気もする。

「三興飯店」極みの半チャンセット

▼▼▼MAP D ㊹

半チャンセットという言葉を初めて聞いたのは、いつごろだっただろうか。

ラーメンに半チャーハンをプラスしたものをそう呼ぶと聞いて、なぜチャーハンなのに〈チャー〉ではなくて〈チャン〉なのかと、いつも疑問に思っていて、今もそれは少しばかり引っかかっている。

無論どこもがそう呼んでいるわけではなく、〈ラーメンとミニチャーハンセット〉

と書いている店もあるし、セットを組んでいない店だってたくさんある。

僕はこの、ハーフサイズのチャーハンとラーメンという組み合わせが大好きで、ラーメン屋や中華食堂で、このセットがあると決まってそれを注文する。セットもハーフサイズチャーハンもメニューにないとがっかりする。

半チャンセットがあったとしても安心はできない。タイミングがずれる店が時折あるからだ。ラーメンが先に来て、食べ終えたころにチャーハンが来る店。その逆もある。もしくはどちらかを先に作ってあったのか、冷めてしまっている店。簡単そうに見えて、この半チャンセットは意外に奥が深いのである。

「三興飯店」の〈Aセット〉

地下鉄烏丸線の九条《くじょう》駅そばにある「三興飯店《さんこうはんてん》」は、僕にとって極みの半チャンセットを食べられる店。
どこにでもあるような、普通の中華食堂。店に入ると、左手にカウンター席、右手にテーブル席が並び、厨房はカウンター席の中にある。

この店では半チャンセットとは呼ばない。半チャーハン以外にもセットものがあるからで、それは四種類ある。半チャンセットに相当するのは〈Aセット〉八百円。奥さんらしき女性がホール係で、調理するのは主人だろうと思う。迷うことなくAセットを注文し、ネギ多めをリクエスト。

カウンター席の上にはテレビがあり、入口近くにはラジオがある。両方点いていることが多いので、店の中はけっこう賑《にぎ》やかだ。

僕の注文を受けて、主人はラーメンを作り始める。当たり前のことだが、実に慣れた手つきだ。さほどの待ち時間もなく、まずはラーメンが運ばれてくる。と、同時に厨房の中ではフライパンを振る音が響き、あっという間に半チャーハンが届く。ラーメンを食べ始めて数十秒と経っていない。

つまり、コショーを振り、箸を取って手を合わせてから、ひと口ほどラーメンを食べたころにチャーハンが熱々で現れるのだ。なんとも絶妙のタイミングである。この理想的ともいえるタイミングは、いつ店を訪れても同じ。一度もずれたことがない。

それはもちろん、僕だけでなく、他の客に対しても同じで、隣のテーブルに座る客の注文に対しても、僕と同じタイミングで供される。片手にスマホを持ったまま食べている青年は、そんなことに気づくはずもなく、教えてあげたい衝動にかられる。これぞプロの仕事なんだよ、と。

タイミングだけではない。味も僕の好みにぴったりなのだ。かつて京都の街なかにあった屋台ラーメン。それを彷彿させるラーメン。いくぶん薄味に仕立てられたチャーハン。これを交互に食べるひとときに、しあわせという言葉が何度も浮かぶ。

半チャン以外のメニューも、さほど多くはないが、ツボはきっちり押さえられている。

〈Bセット〉はチャーハンの代わりに、卵掛けご飯が付いて七百五十円と値段も控えめ。〈から揚げセット〉、〈コロッケセット〉はいずれも八百円。〈焼餃子《ギョーザ》〉や〈牛スジの煮こごり盛り〉などの一品ものもあるので、あれこれ組み合わせてみたい。

行列ができるラーメン屋のような殺気もなく、ほのぼのとした空気の中で、プロの味が堪能できる。これぞ京のほんまもん、である。

「創作厨房 菜花亭」
灯台下暗し

▼▼▼MAP D㊺

京都のシンボルといえば、五重塔と「京都タワー」。この写真や絵があると、ひと目でそこが京都だと分かる。

五重塔はしかし、八坂の「法観寺《ほうかんじ》」と、洛南《らくなん》「東寺《とうじ》」、更には伏見《ふしみ》「醍醐寺《だいごじ》」などもあり、ひと目で場所を特定することは難しく、その形状や背景から推しはかることになる。

一方で「京都タワー」は唯一無二のものであり、それは京都駅の真ん前、烏丸塩《しお》小路《こうじ》の西北角にしかない。高さおよそ百三十メートルの白い塔は、京都市内のあちこちから望むことができ、場所や方位の参考にもなっている。

つまりは、海のない京都市にあって、その役割も含めて灯台をモチーフにして建てられたものである。

多くが行き交う京都駅前に建つ「京都タワー」は、そのビルの内外合わせて多くの飲食店がひしめき合っている。

　そして、ここが一番肝心なのだが、ともすれば、こういう繁華な場所にある店を軽視しがちなのは、なんとももったいない話なのである。あまりに好立地すぎて、どうせ大した店はないだろう、と思いこんでしまう。まさしく灯台下暗しだ。

「京都タワー」ビルの一階北側。「ヨドバシカメラ」と向かい合っている「創作厨房《そうさくちゆうぼう》菜花亭《さいかてい》」は手軽で美味しい中華食堂なのだが、京都通にも見逃されがちで、知る人ぞ知る店になっている。通りがかりに入った旅行者はラッキーとしか言いようがない。客のほとんどは、常連となっている近隣のビジネスパーソンたちなのだから。

　三階にも店があるが夕方からの営業で、ランチタイムは一階のみ。さほど広い店ではなく、店に入って左手がカウンター席と厨房、右側がテーブル席という形で、黒を基調としたインテリアは、中華食堂というより、スナックふうの雰囲気。

　何をおいてもこの店で食べるべきは〈うまい！ラーメン〉。

「創作厨房 菜花亭」のカウンター席

ただのラーメンではない。〈うまい!ラーメン〉なのだ。店のラーメンに、わざわざ〈うまい〉と付けるだけでも珍しいのに、そこにエクスクラメーション・マーク、俗に言うビックリマークまで付いているのだから、よほどの自信があるのだろう。これでまずかったら、どうしてくれよう。と、道場破りのような気分で店に入ったのが、この店との出合い。

爾来《じらい》、何度も食べに来ているのだから、間違いなく〈うまい!〉のである。

「創作厨房 菜花亭」の〈うまい！ラーメン〉と〈チビ餃子〉

それにしても、うまく名付けたものだといつも感心する。

通常ラーメンというものは、スープはこってり、だとか、あっさり、だとか、麺は細打ちだとか、ちぢれ麺だとか、いろんな形容詞を駆使して語られるものだが、この店のラーメンは、そういう余計な言葉をまったく必要としない。〈うまい!〉のひと言ですべてを言い尽くしている。

あえて特徴を挙げるなら、とんこつ醬油っぽいスープと、中細麺、やわらかい厚切りチャーシュー。なんの衒《てら》いも、外連味《けれんみ》もない、僕にとっては理想的なラーメン。

そしてもうひとつの名物、〈チビ餃子〉も忘れてはならない。

ということで、僕のお奨めは〈ミニラーメン〉、〈チビ餃子（五個）〉、〈ご飯〉。〆て九百十円也。

僕ならこの〈チビ餃子〉にも〈うまい！〉を付ける。京都人にはお馴染みの「泉門《せんもん》天《てん》」の餃子の餡を二倍に増やしたようなそれは、タレが要らないほどジューシーで、餃子専門店に一歩も引けを取らない味だと思う。〈チビ〉とは言え、ぷっくりと太っていて、食べごたえもあり、それでいて五個二百十円はお値打ち価格。

ビールにも合うが、ご飯にもよく合う〈チビ餃子〉。ラーメンと交互に食べれば、満腹満足の昼餉《ひるげ》。灯台下暗し。白い灯台の下には名店が潜んでいる。

「六波羅飯店」
あの世に最も近い、この世のオアシス

▼▼▼MAP C ㊻

〈六道《ろくどう》の辻《つじ》〉という場所がある。

〈六道〉とは、仏教でいう地獄道、餓鬼道、畜生道、修羅道、人間道、天道の六つの冥界。死んだ後はこの六つの道を輪廻するといわれている。この六道の分岐点、つまり、この世とあの世の境の辻を〈六道の辻〉と呼び、それは「六道珍皇寺《ちんのうじ》」のすぐ近くにある。山門の前にはその道しるべとなる石碑も建っている。

そこから西へ、わずか百五十メートルほど歩いたところに「西福寺《さいふくじ》」という小さな寺があり、六道の地獄絵図を蔵していることで知られ、そのおどろおどろしい絵図は、お盆の期間中に一般公開される。

そしてその「西福寺」の東向かい角にあるのが「六波羅飯店《ろくはらはんてん》」。六道とも地獄とも無縁の、明るい中華料理店である。

場所のわりに店が目立たないのは、看板や暖簾《のれん》が控えめなせいだろう。外観からは街場の中華屋さんに見えないが、一歩店に入ると、そこはやはり中華の店らしく、赤

が目立つ内装だ。

メニューの種類はいたって豊富で、特に名物らしきものはないようだが、どれを食べても美味しい。

ビニールケースに入ったメニューは、表の①と裏の②に分かれていて、餃子、麺類、飯系、一品ものとスープなど、ひと通りの中華料理は揃っている。

「六波羅飯店」の店内

初めてこの店に入ったときは〈カレーラーメン〉だった。カウンター席には常連らしき男性客が何人か食事をしていて、少し気おくれしたので、テーブル席で食べた。
辛さもほどほどで、スープも味わい深く、特徴的なのは、溶き卵が流し入れてあることだった。あちこちで〈カレーラーメン〉を食べてきたが、こういうスタイルは初めてで、卵が味をまろやかにしているのに感心した。ていねいに作られているのがよく分かったので、さほど日をおかずに再度訪ねた。

二度目は〈炒飯《チャーハン》〉。店の名が入った八角皿に、こんもりと丸く盛られた炒飯は、ぱらりというより、しっとりとした感じで、卵がたっぷり入っていて、やさしい味付けだった。

三度目はまた〈カレーラーメン〉で、その次に店に行ったときは、ずっと気になっていた〈とりの天ぷら定食〉にした。

「六波羅飯店」の〈カレーチャンポン〉

この店には〈とんかつ定食〉などの定食類もあり、特に鶏肉が得意なようで、〈鶏カツ定食〉、〈若鶏の唐揚げ定食〉と〈とりの天ぷら定食〉と三つも鶏料理の定食がある。鶏カツも、若鶏の唐揚げも、おおよその想像がつくが、とりの天ぷらは、どんなふうに料理されているのか、とても気になっていた。和風の天ぷらか、卵白をコロモにした中華風か、それとも大分名物のとり天系か。

雲をかたどっているのか、中華料理店独特の形をした皿に盛られて出てきたのは、中華風と大分系の折衷パターンだと思った。

棒状のとりの天ぷらと野菜の天ぷらが千切りキャベツの上に載り、皿からはみ出さんばかりだ。これに皿盛りのライスとスープ、漬物が付いて六百三十円は格安といってもいいだろう。

酢醬油に辛子を溶いて、それをたっぷり天ぷらにつけて、ご飯に載せる。大きな口を開けて頰張ると、旨みが口いっぱいに広がる。

なぜこの店に何度も通うかと言えば、もちろん安くて美味しいせいでもあるのだが、この界隈を舞台にした小説を書いていて、その下調べに何度も足を運んでいるからだ。

おどろおどろしい六道という場所にありながら、明るい雰囲気と美味しい料理でもてなす中華食堂。いつかこの店も小説の中に登場させたいと思っている。

「白雲」京都中華遺産

▼▼▼MAP B 47

本章の冒頭にも記したように、京都で独自の発展を遂げたのは廣東料理である。刺激が少なく、和食にも通じるようなやさしい味わいが、京都という地に馴染んだのだろうと思う。

僕の記憶の中にある原点は、四条富小路を上ったところに立派な洋館建てで店を構えていた「大三元」。

昔の列車のように、背中合わせになった椅子席には赤い布が張られ、床タイル、高い天井と共に、異国情緒を色濃く漂わせていた。たしか陳さんという名の家族で切り盛りしていたと記憶する。

店仕舞いしてからずいぶんと経つので、少しずつ店の記憶は薄れてゆくが、味の記憶は鮮明に残ったままま。

透明のプラケースに入った、スタンド式のメニューは、さほど多くなく、家族で行っても、たいてい同じものを注文していた。

ピータン、焼き豚、くらげなどの前菜に始まり、焼売、玉子春巻、フカヒレスープ、酢豚、海老の天ぷら、そして焼きそば、焼飯。

今思いだしても、よだれが出そうになるほど美味しかったが、それらの料理は、何軒かの店に引き継がれ、また店仕舞いをし、また別の店に引き継がれ、という形で今に至っている。

そんな流れを汲む、京都らしい廣東料理店は何軒かあるが、食堂的な雰囲気を漂わせているのは「白雲《はくうん》」。北大路《きたおおじ》橋から少し東に入った、北大路通沿いにある。バス停でいえば〈植物園前〉。或いは地下鉄烏丸線の〈北大路駅〉から歩いて五分ほど。賀茂川《かもがわ》散策や、植物園を訪ねた折のランチには最適の店。

「白雲」のメニュー表

店に入って正面右側が厨房になっていて、客席との境にカウンター席が設けてある。左手にはテーブル席がL字型に並び、奥には座敷席もある。「大三元」と同じような、透明のプラケースに入った品書きには、一番から二十六番まで、上下二段に分けてメニューが並んでいる。

ここでのランチはたいてい麺類か、ご飯もの。僕の一番のお気に入りは、十七番の〈からしそば〉六百円也。

辛子を絡めた茹で麺に、鶏肉と野菜がたっぷり入っ

「白雲」の〈からしそば〉

た餡が掛かる。辛子といっても、さほどの辛さはないので、テーブルに備えられた辛子を足して食べる。

この〈からしそば〉は、京都の一部の廣東系以外では、あまり見かけないメニューだが、爽やかな後口と、ボリュームたっぷりの食べ応えで、時折無性に食べたくなる料理だ。

とりわけ、いくらか甘みが勝った餡に絡んだネギが美味しい。これとよく似たメニューに十九番の〈やきそば〉があり、こちらは麺が炒めてあり、パリッとした芳《こう》ばしい麺の部分と、やわらかい麺の両方を愉しめ、どちらにするか迷うことがよくある。どちらも餡掛けで、火傷しそうなほどに、熱々で出てくるのが特徴。

〈やきそば〉には、小皿に溶いた酢辛子を掛けて食べると美味しい。つまりは、どちらも辛子の味が加わるのだが。

これひと皿でも充分お腹が膨れるが、物足りないなら、三番の〈巻き揚げ〉か、十四番の〈しゅうまい〉を追加するのがお奨め。

十五番の〈ラーメン〉、二十二番の〈やきめし〉も安定した味で、いつ食べても美味しい。

今は年輩の夫婦で切り盛りしているが、後継者はいるのだろうか、と案ずる。いつまでも残ってほしい店、「白雲」は、京都中華遺産の代表的な一軒だと思う。

「マルシン飯店」中華食堂の優等生

▼▼▼MAP C㊽

若いころは店の名前などには無頓着で、〈東山三条の中華屋〉と言えば、それで仲間内には通じた。

飲みに行った後、深夜に空腹を覚えると、必ず誰かが言いだす。

――じゃあそろそろ、東山三条の中華屋へ行くか――

「マルシン飯店」は、ちょうど僕が大学を卒業したころにできた店だったと思う。僕は人よりずいぶん遅れて食べ盛りとなり、三十代前半にそのピークを迎えた。

そんなころの強い味方が、この「マルシン飯店」だった。ビールを飲みながらギョーザを二人前。興が乗ってくると、酢豚か唐揚げ。帰り際にチャーハンとラーメン。おおむね深夜二時ごろの話である。

なにしろ朝の六時まで店を開けているのだから、ラストオーダーなんていう心配をしなくていいのがありがたかった。

当時は、今のように二十四時間オープンしている、コンビニや牛丼屋チェーンなどは普及しておらず、深夜遅くから旨いものを食べられる店は、京都市内に数えるほどしかなかった。そのうちの一軒である「マルシン飯店」は今も健在なのが嬉しい。

かつては年中無休だったと記憶するが、今は火曜日が定休。当時と変わったのはそれくらいのことで、朝十一時にオープンして、翌朝の六時までずっと店を開けていることも、豊富なメニューを適価で供することも変わらない。

今では観光客の姿も見かけるが、基本的には地元京都人愛用の店で、十一時の開店と同時に入ってくる客や、深夜二時を過ぎての酔客などは、決まって常連客。客は何も注文せずとも、決まった料理が出てくるという姿もよく見かける光景だ。

間口は広いが、店の中はさほど広くなく、したがって時分どきはかなり混み合う。

「知恩院《ちおんいん》」や「八坂神社」などの名所も近いことから、その行き帰りに立ち寄る客も多く、お昼前後は避けたほうが無難。

ランチにするなら、十一時半までか、一時前あたり。メニューはあまりに豊富すぎて、目移り必至。

お腹の具合にもよるが、空腹が極まっていれば、四種類ほどから選べる定食系がお奨め。

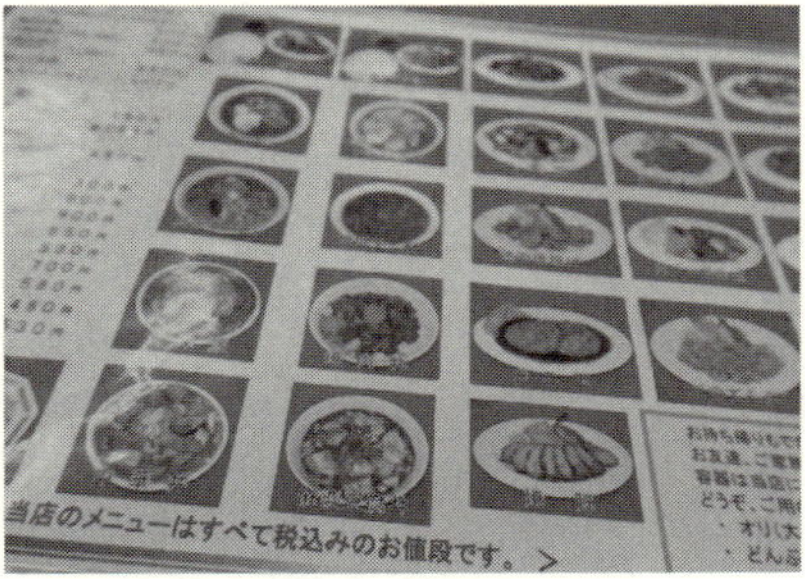

「マルシン飯店」のメニュー表

〈焼肉定食〉、酢豚と唐揚げが付いた〈中華定食A〉はどちらも八百円。〈日替わり定食〉と、かに玉、唐揚げ、野菜炒めが付いた〈中華定食B〉は八百八十円。どれもボリューム満点で、満腹、満足は間違いない。

単品メニューもたくさんあって、なかなかひとつに絞り込めない。

〈ラーメン〉を筆頭に、〈チャンポン〉や〈揚げ焼きそば〉まで、麺類は十数種。〈チャーハン〉、〈天津飯〉、〈ジンギスカン丼〉などのご飯ものも十種類ほど。点心、牛、豚、鶏、海鮮などに分かれた一品料理は三十数種を軽く超える。

どれをお奨めすればいいか。かなり迷うところではあるが、ご飯ものなら〈天津飯〉を強く推したい。

たっぷりの玉子焼きと濃厚な餡。これをご飯に絡めて食べると、誰もがしあわせを感じるに違いない。何よりしっかりトロミが付いた餡はとても美味しい。

「マルシン飯店」の〈カレーチャーハン〉

関東では〈天津飯〉に甘酢餡を掛けることが多いそうだが、京都では醤油系の中華スープを餡に仕立てて掛けることが多く、「マルシン飯店」がその代表。
ランチタイムにお値打ち価格になるのは〈カレーチャーハン〉も同じ。ふんわりと甘さを感じさせるチャーハンだが、スパイシーなカレーの風味が重なり、ちょっと不思議な味わいのチャーハンになる。唯一無二。この味のチャーハンは他ではけっして食べられない。

一品料理で僕が好きなのは〈ジンギスカン〉。丼になったメニューもあるが、僕はご飯のおかずとして食べる。追加するのは焼き餃子。これも白いご飯にとてもよく合う。

火曜日以外、朝六時から十一時まで以外は、いつ行っても店が開いているというのは、何より嬉しい。「マルシン飯店」は、京都を代表する中華食堂の優等生だ。

巻末付録　ＭＡＰ＆紹介店舗リスト

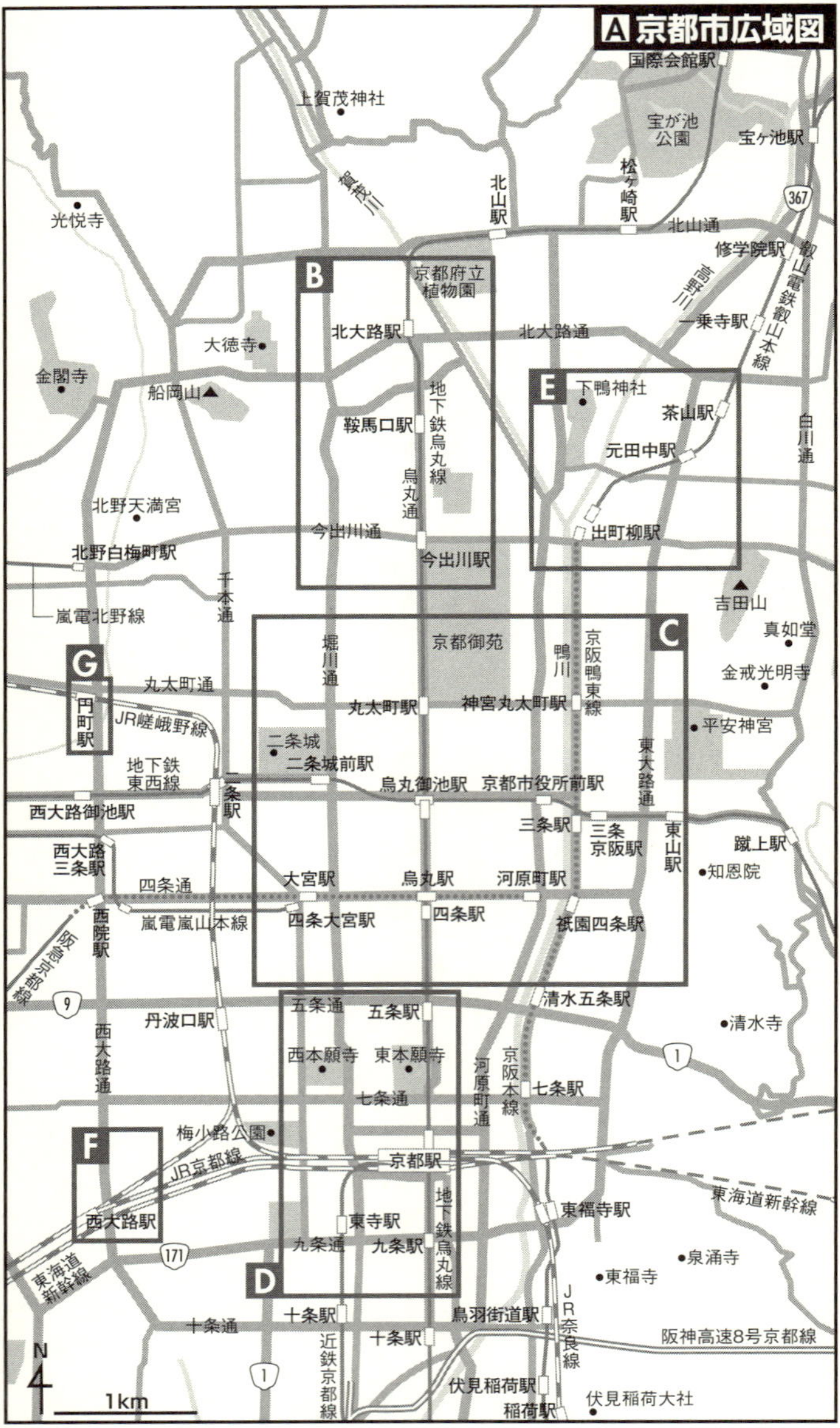

地図作成：林 雅信（Lotus）

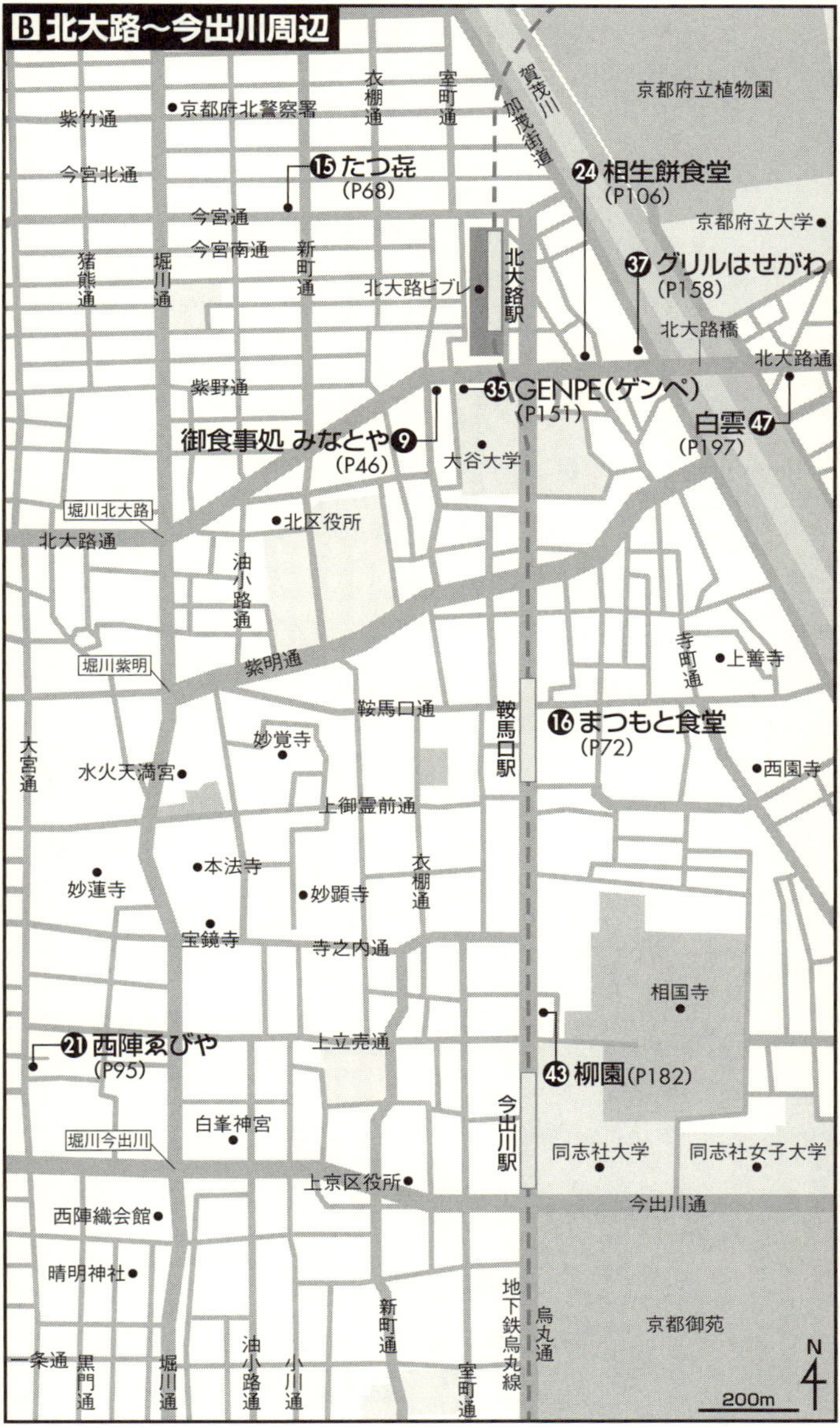

B 北大路～今出川周辺
京都府北警察署
紫竹通
衣棚通
室町通
賀茂川
加茂街道
京都府立植物園
今宮北通
⑮たつ㐂
(P68)
㉔相生餅食堂
(P106)
今宮通
京都府立大学
今宮南通
新町通
猪熊通
堀川通
北大路ビブレ
北大路駅
㊲グリルはせがわ
(P158)
北大路橋
北大路通
紫野通
㉟GENPE(ゲンペ)
(P151)
白雲㊼
(P197)
御食事処 みなとや❾
(P46)
大谷大学
堀川北大路
北区役所
北大路通
油小路通
寺町通
上善寺
堀川紫明
紫明通
鞍馬口通
鞍馬口駅
⑯まつもと食堂
(P72)
大宮通
妙覚寺
水火天満宮
西園寺
上御霊前通
本法寺
衣棚通
妙蓮寺
妙顕寺
宝鏡寺
寺之内通
相国寺
㉑西陣ゑびや
(P95)
上立売通
㊸柳園(P182)
今出川駅
白峯神宮
堀川今出川
同志社大学
同志社女子大学
上京区役所
今出川通
西陣織会館
晴明神社
地下鉄烏丸線
烏丸通
新町通
京都御苑
油小路通
一条通
黒門通
堀川通
小川通
室町通
N
200m

C 京都市中心部
京都府立医科大学
自家製麺 天狗 22 (P99)
荒神口通
荒神口
河原町通
川端通
京阪鴨東線
鞠小路通
東大路通
京都大学医学部附属病院
聖護院門跡
神宮丸太町駅
春日上通
河原町丸太町
丸太町橋
丸太町通
東山丸太町
京都地方裁判所
鴨川
御所南小学校
平安神宮
琵琶湖疏水
冷泉通
ロームシアター京都
岡崎公園
富小路通
麩屋町通
御幸町通
寺町通
ザ・リッツ・カールトン京都
二条通
京都国立近代美術館
京都市役所
京都ホテルオークラ
仁王門通
神宮道
御池大橋
1 篠田屋 (P18)
京都市役所前駅
京都ロイヤルホテル&スパ
三条京阪駅
東山駅
地下鉄東西線
3 常盤 (P22)
三条大橋
三条駅
48 マルシン飯店 (P201)
三条通
2 キッチンりゅうかい (P22)
先斗町通
木屋町通
京阪本線
華頂通
29 くるみ (P128)
新京極通
10 京極スタンド (P50)
花見小路通
知恩院道
祇園
河原町駅
四条大橋
祇園四条駅
四条通
八坂神社
円山公園
髙島屋
23 永正亭 (P103)
祇園甲部歌舞練場
建仁寺
大和大路通
ねねの道
高台寺
8 山の家 (P42)
安井金比羅宮
下河原通
霊山観音
河原町通
36 グリル富久屋 (P154)
松原橋
八坂の塔
川端通
六波羅飯店 46 (P194)
八坂通
東大路通
松原通
東山区役所
清水坂
富小路通
麩屋町通
御幸町通
清水五条駅

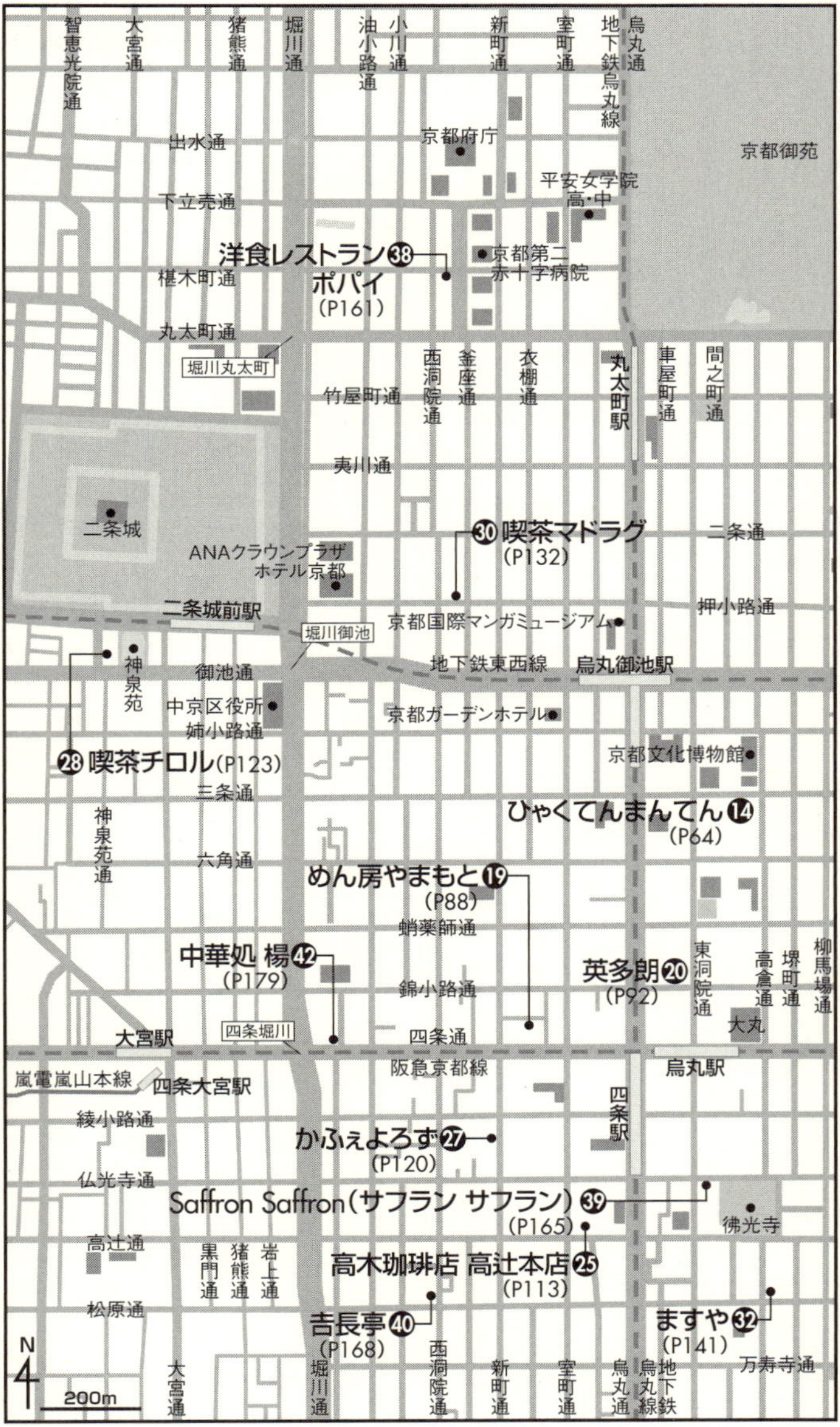
智恵光院通
大宮通
猪熊通
堀川通
油小路通
小川通
新町通
室町通
地下鉄烏丸線
烏丸通
京都府庁
京都御苑
出水通
平安女学院高・中
下立売通
洋食レストラン ポパイ 38 (P161)
京都第二赤十字病院
椹木町通
丸太町通
堀川丸太町
西洞院通
釜座通
衣棚通
丸太町駅
車屋町通
間之町通
竹屋町通
夷川通
二条城
30 喫茶マドラグ (P132)
二条通
ANAクラウンプラザホテル京都
二条城前駅
押小路通
京都国際マンガミュージアム
堀川御池
神泉苑
御池通
地下鉄東西線
烏丸御池駅
中京区役所
姉小路通
京都ガーデンホテル
京都文化博物館
28 喫茶チロル (P123)
三条通
ひゃくてんまんてん 14 (P64)
神泉苑通
六角通
めん房やまもと 19 (P88)
蛸薬師通
中華処 楊 42 (P179)
英多朗 20 (P92)
東洞院通
高倉通
堺町通
柳馬場通
錦小路通
大丸
大宮駅
四条堀川
四条通
阪急京都線
烏丸駅
嵐電嵐山本線
四条大宮駅
綾小路通
四条駅
かふぇよろず 27 (P120)
仏光寺通
Saffron Saffron（サフラン サフラン） 39 (P165)
佛光寺
高辻通
黒門通
猪熊通
岩上通
高木珈琲店 高辻本店 25 (P113)
松原通
吉長亭 40 (P168)
ますや 32 (P141)
万寿寺通
N
200m
大宮通
堀川通
西洞院通
新町通
室町通
烏丸通
地下鉄烏丸線

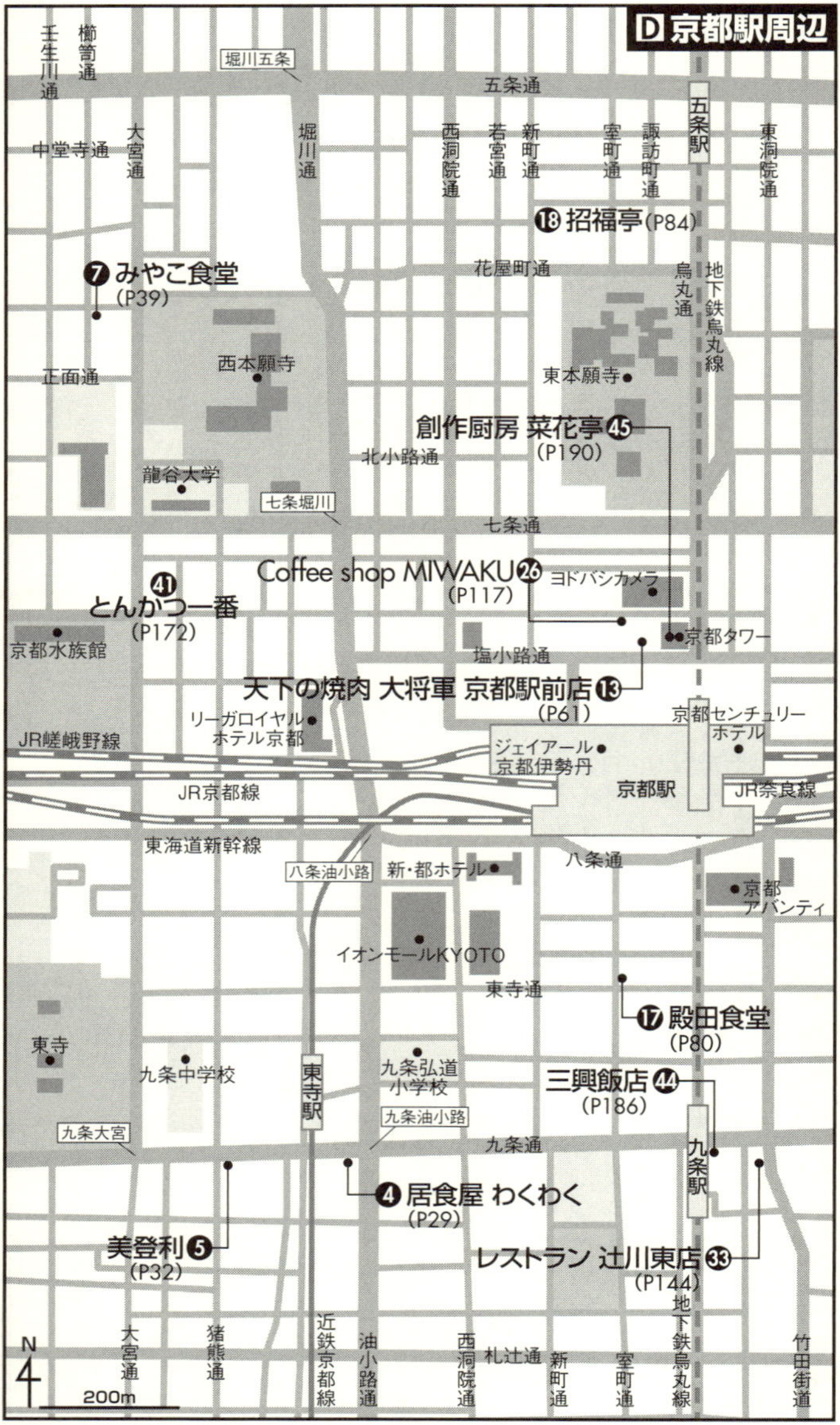

D 京都駅周辺
櫛笥通
壬生川通
堀川五条
五条通
五条駅
中堂寺通
大宮通
堀川通
西洞院通
若宮通
新町通
室町通
諏訪町通
東洞院通
⑱招福亭(P84)
⑦みやこ食堂
(P39)
花屋町通
烏丸通
地下鉄烏丸線
西本願寺
東本願寺
正面通
創作厨房 菜花亭㊺
(P190)
北小路通
龍谷大学
七条堀川
七条通
Coffee shop MIWAKU㉖
(P117)
ヨドバシカメラ
㊶
とんかつ一番
(P172)
京都タワー
京都水族館
塩小路通
天下の焼肉 大将軍 京都駅前店⑬
(P61)
リーガロイヤル
ホテル京都
京都センチュリー
ホテル
JR嵯峨野線
ジェイアール
京都伊勢丹
京都駅
JR京都線
JR奈良線
東海道新幹線
八条油小路
新・都ホテル
八条通
京都
アバンティ
イオンモールKYOTO
東寺通
⑰殿田食堂
(P80)
東寺
九条中学校
東寺駅
九条弘道
小学校
三興飯店㊹
(P186)
九条油小路
九条大宮
九条通
九条駅
④居食屋 わくわく
(P29)
美登利⑤
(P32)
レストラン 辻川東店㉝
(P144)
大宮通
猪熊通
近鉄京都線
油小路通
西洞院通
札辻通
新町通
室町通
地下鉄烏丸線
竹田街道
N
200m

E 出町柳周辺
下鴨神社
下鴨中学校
高野中学校
叡山電鉄
下鴨本通
左京図書館
東大路通
茶山駅
養徳小学校
川端通
下鴨東通
高野川
東鞍馬口通
34 のらくろ
(P147)
左京消防署
下鴨中通
元田中駅
下鴨西通
下鴨警察署
御蔭通
田中里ノ前
養正小学校
一乗寺道
京都家庭裁判所
賀茂川
京都大学
11 三高餅
(P53)
出町柳駅
百萬遍
知恩寺
清風荘
庭園
今出川通
百万遍
玉蘭(P35) 6
河原町通
京阪鴨東線
鴨川
京都大学
N
200m

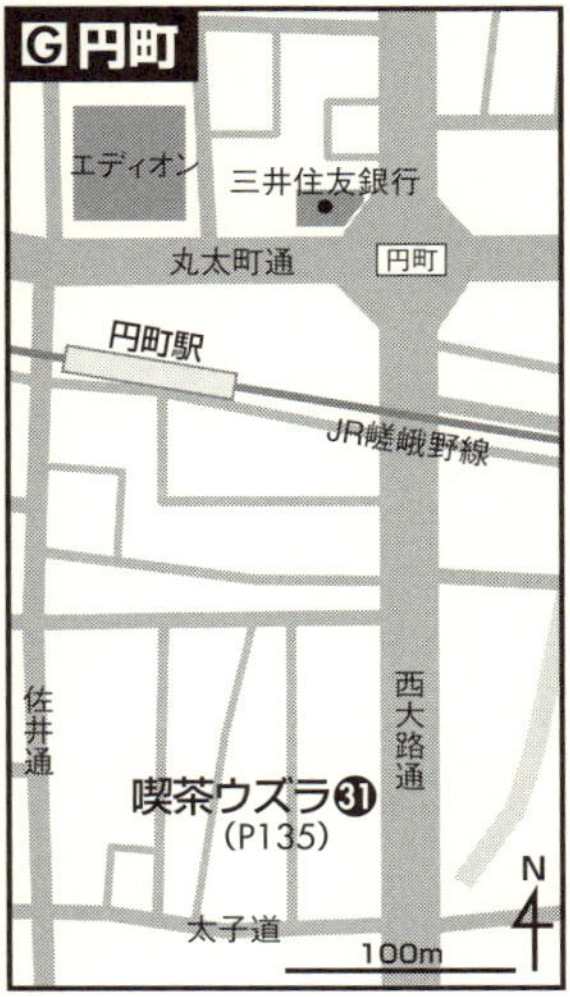
G 円町
エディオン
三井住友銀行
丸太町通
円町
円町駅
JR嵯峨野線
佐井通
西大路通
喫茶ウズラ 31
(P135)
太子道
N
100m

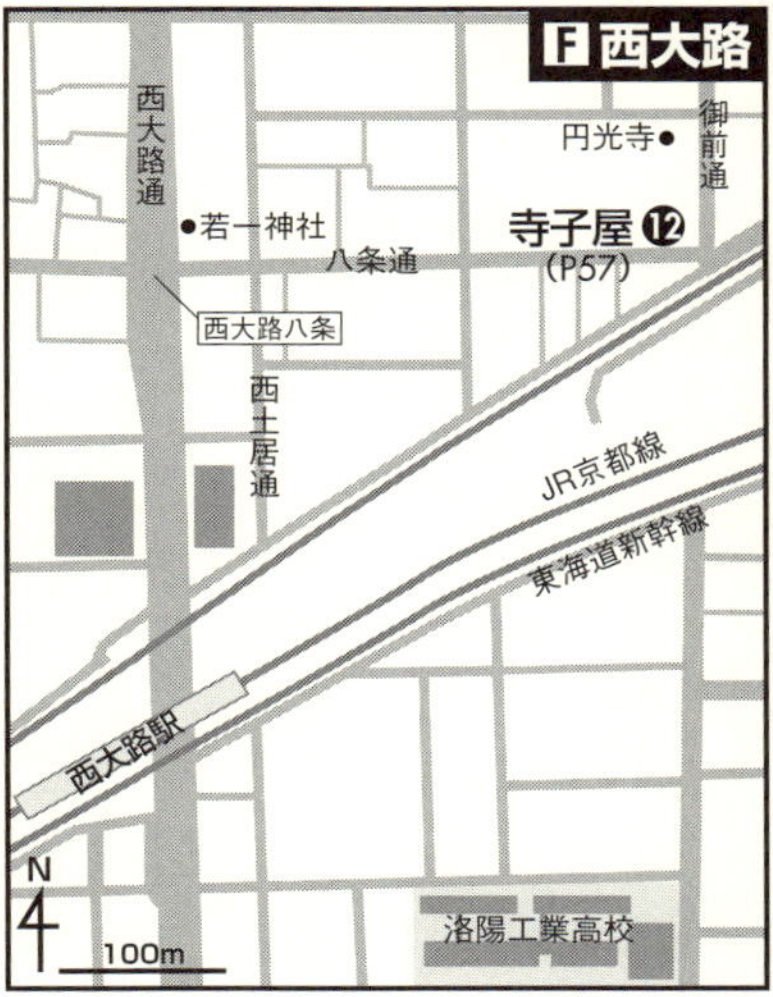
F 西大路
西大路通
円光寺
御前通
若一神社
寺子屋 12
(P57)
八条通
西大路八条
西土居通
JR京都線
東海道新幹線
西大路駅
N
100m
洛陽工業高校

紹介店舗リスト

第一章

①篠田屋
京都市東山区大橋町111
☎075-752-0296
営業時間▶10:30〜15:00、16:30〜19:00
定休日▶土曜
本文p.18　MAP C①

②キッチンりゅうかい
京都市中京区天性寺前町526
☎075-211-6857
営業時間▶10:30〜14:30
定休日▶木曜
本文p.22　MAP C②

③常盤
京都市中京区寺町通三条上ル天性寺前町523
☎075-231-4517
営業時間▶［月曜、火曜、木曜］11:00〜16:00
［金曜、土曜、日曜、祝日］11:00〜20:00
定休日▶水曜
本文p.22　MAP C③

④居食屋 わくわく
京都市南区西九条島町52
☎075-672-9828
営業時間▶11:00〜14:00、17:00〜24:00
定休日▶日曜、不定休日あり
本文p.29　MAP D④

⑤美登利
京都市南区西九条東比永城町80
フレスコ東寺２Ｆ
☎075-682-6222
営業時間▶11:00〜15:00（L.O.14:30）、17:00〜23:00（L.O. 22:30）
ただし、鰻が売り切れ次第閉店
定休日▶毎月8日、17日、18日、不定休日あり
本文p.32　MAP D⑤

⑥玉蘭
京都市左京区吉田本町26
☎075-751-0124
営業時間▶11:00〜22:00
定休日▶日曜
本文p.35　MAP E⑥

⑦みやこ食堂
京都市下京区花屋町通櫛笥東入裏片町191-1
☎075-351-7693
営業時間▶9:00〜21:00
定休日▶火曜
本文p.39　MAP D⑦

⑧山の家
京都市下京区足袋屋町330
☎075-351-7498
営業時間▶11:00〜18:30
定休日▶日曜、祝日
本文p.42　MAP C⑧

⑨御食事処 みなとや
京都市北区小山東大野町81
☎075-451-8895
営業時間▶11:00〜20:00
定休日▶日曜（祝日は営業）
本文p.46　MAP B⑨

⑩京極スタンド
京都市中京区新京極通四条上ル中之町546
☎075-221-4156
営業時間▶12:00～21:00
(L.O. 20:50)
定休日▶火曜
本文p.50　MAP C ⑩

⑪三高餅
京都市左京区田中関田町1
☎075-781-4881
営業時間▶11:00～19:00
定休日▶火曜
本文p.53　MAP E ⑪

⑫寺子屋
京都市下京区梅小路西中町107
☎075-321-8518
営業時間▶11:00～20:00
お惣菜販売時間は
10:30～20:00
定休日▶月曜
本文p.57　MAP F ⑫

⑬天下の焼肉 大将軍 京都駅前店
京都市下京区塩小路通烏丸西入ル東塩小路町577 大将軍ビル2階
☎075-343-1129
営業時間▶［月曜～木曜、日曜］
11:30～22:00（L.O. 21:30）、［金曜、土曜］
11:30～23:00（L.O. 22:30）
定休日▶不定休
本文p.61　MAP D ⑬

⑭ひゃくてんまんてん
京都市中京区三条通高倉西入菱屋町47 横山ビル2F
☎075-213-2292
営業時間▶11:00～23:00、日曜、
祝日は17:00まで
定休日▶年中無休
本文p.64　MAP C ⑭

⑮たつ岳
京都市北区小山初音町16
☎075-491-8972
営業時間▶11:00～20:00
定休日▶日曜
本文p.68　MAP B ⑮

⑯まつもと食堂
京都市北区鞍馬口通烏丸東入ル上御霊上江町239-1
☎075-451-8607
営業時間▶11:30～15:00、
17:00～20:30（L.O.）
定休日▶日曜、お盆、正月
本文p.72　MAP B ⑯

第二章

⑰殿田食堂
京都市南区東九条上殿田町15
☎075-681-1032
営業時間▶11:30ごろ～18:00ごろ
定休日▶無休、不定休あり
本文p.80　MAP D ⑰

⑱招福亭
京都市下京区新町通六条下ル艮町891
☎075-351-6111
営業時間▶11:00～20:00
定休日▶不定休
本文p.84　MAP D ⑱

⑲めん房やまもと
京都市中京区新町通り四条上ル東入ル観音堂町473
☎075-255-0856
営業時間▶［平日］11:00〜20:00、
［土曜］11:00〜14:00
定休日▶日曜、祝日、第3土曜
本文p.88　MAP C⑲

⑳英多朗
京都市中京区錦小路通東洞院西入元法然寺町683 烏丸錦ビル1階
☎075-211-2239
営業時間▶［昼］11:00〜14:40、
［夜］17:00〜22:20
（月曜〜金曜）、17:00
〜21:20（土曜、祝日）
定休日▶日曜
本文p.92　MAP C⑳

㉑西陣ゑびや
京都市上京区大宮通上立売下ル芝大宮町21
☎075-441-8737
営業時間▶11:00〜19:00ごろ
定休日▶水曜
本文p.95　MAP B㉑

㉒自家製麺 天狗
京都市上京区河原町通荒神口上ル東桜町39
☎075-231-1089
営業時間▶11:30〜14:00ごろ、
17:30〜20:00ごろ
定休日▶日曜定休、祝日は昼のみ営業
本文p.99　MAP C㉒

㉓永正亭
京都市下京区寺町通四条下ル貞安前之町611
☎075-351-1970
営業時間▶11:00〜20:00
定休日▶水曜、1/1〜3
本文p.103　MAP C㉓

㉔相生餅食堂
京都市北区小山下内河原町48
☎075-491-6952
営業時間▶11:00〜15:00、17:00
〜20:00
定休日▶金曜
本文p.106　MAP B㉔

第三章

㉕高木珈琲店 高辻本店
京都市下京区高辻通室町東入骨屋町175
☎075-371-8478
営業時間▶7:00〜18:00
定休日▶1/1〜3
本文p.113　MAP C㉕

㉖Coffee shop MIWAKU
京都市下京区東塩小路町579-24
☎075-343-4788
営業時間▶7:00〜18:00
定休日▶年中無休
本文p.117　MAP D㉖

㉗かふぇよろず
京都市下京区新町通綾小路下ル船鉾町378
☎075-343-4912
営業時間▶［月曜〜金曜］7:30〜
17:00ごろ、

［土曜、日曜、祝日］
11:00～16:00
定休日▶不定休
本文p.120　MAP C ㉗

㉘喫茶チロル
京都市中京区門前町539-3
☎075-821-3031
営業時間▶6:00～19:00
（モーニング6:00～11:00、定食11:30～14:00）
定休日▶日曜、祝日
本文p.123　MAP C ㉘

㉙くるみ
京都市中京区寺町通四条上ル 菊水ビルＢ１Ｆ
☎075-221-2222
営業時間▶11:30～16:00
定休日▶水曜、日曜
本文p.128　MAP C ㉙

㉚喫茶マドラグ
京都市中京区押小路通西洞院東入ル北側
☎075-744-0067
営業時間▶11:30～22:00
(L.O. 21:00)、ランチタイム11:30～15:00
定休日▶日曜（臨時休業の際はFacebookにて紹介）
本文p.132　MAP C ㉚

㉛喫茶ウズラ
京都市中京区西ノ京中御門東町104-3
☎075-200-5534
営業時間▶11:00～17:00
(L.O. 16:30)
定休日▶月曜、日曜、祝日
本文p.135　MAP G ㉛

第四章

㉜ますや
京都市下京区高倉通松原上ル杉屋町265
☎075-351-3045
営業時間▶［月曜～金曜］11:00～18:30、
［土曜］11:00～17:00
定休日▶日曜、祝日
本文p.141　MAP C ㉜

㉝レストラン 辻川東店
京都市南区東九条西御霊町28-2
☎075-661-2456
営業時間▶11:00～15:00、17:00～21:00
定休日▶水曜
本文p.144　MAP D ㉝

㉞のらくろ
京都市左京区下鴨宮崎町69
☎075-781-2040
営業時間▶11:30～13:45、17:30～ L.O. 19:30
定休日▶火曜、水曜
本文p.147　MAP E ㉞

㉟GENPE（ゲンペ）
京都市北区小山上総町53
☎075-441-2216
営業時間▶11:30～21:00
定休日▶日曜、祝日（ただし祝日は営業の場合もあり）
本文p.151　MAP B ㉟

㊱グリル富久屋
京都市東山区宮川筋５丁目341
☎075-561-2980
営業時間▶12:00〜22:00
定休日▶木曜、第３水曜
本文p.154　MAP C㊱

㊲グリルはせがわ
京都市北区小山下内河原町68
☎075-491-8835
営業時間▶11:15〜22:00
（L.O. 21:00）
定休日▶月曜（祝日の場合は翌日）、第３火曜
本文p.158　MAP B㊲

㊴Saffron Saffron
（サフラン サフラン）
京都市下京区東洞院通仏光寺東南角高橋町605
☎075-351-3292
営業時間▶11:30〜15:00（L.O. 14:00）、17:30〜22:30（L.O. 21:30）、日曜〜22:00（L.O. 21:00）
定休日▶火曜、不定休あり
本文p.165　MAP C㊴

㊵吉長亭
京都市下京区西洞院通松原上ル高辻西洞院町815
☎075-351-7802
営業時間▶11:30〜14:00、17:00〜19:30
定休日▶日曜、祝日、第２土曜
本文p.168　MAP C㊵

㊶とんかつ一番
京都市下京区黒門通木津屋橋上ル徹宝町403
☎075-371-0722
営業時間▶11:30〜14:00、17:00〜20:30
定休日▶第２・４・５日曜
本文p.172　MAP D㊶

第五章

㊷中華処 楊
京都市下京区柏屋町14
☎075-211-1333
営業時間▶11:00〜15:00、16:30〜22:00
日曜、祝日は通し営業
（日曜、祝日は〜21:30）
定休日▶水曜
本文p.179　MAP C㊷

㊸柳園
京都市上京区烏丸通上立売上ル柳図子町334
☎075-432-1896
営業時間▶11:30〜14:00、17:00〜20:00（売り切れ次第、閉店）
定休日▶日曜、祝日
本文p.182　MAP B㊸

㊹三興飯店
京都市南区東九条南烏丸町32
☎075-661-3517
営業時間▶11:30〜14:00、17:30〜23:00
定休日▶月曜
本文p.186　MAP D㊹

㊺創作厨房 菜花亭
京都市下京区烏丸通七条下ル東塩小路町721-1 京都タワービル北新館1・3F
☎075-371-0500
営業時間▶［1F］平日11:30〜翌1:00（L.O. 0：30）、日曜、祝日11:30〜23:30（L.O. 23：00）
［3F］17:00〜23:30（L.O. 23：00）
定休日▶不定休
本文p.190　MAPⒹ㊺

㊻六波羅飯店
京都市東山区松原通大和大路東入2丁目轆轤町90
☎075-551-2901
営業時間▶11:00〜21:00
定休日▶火曜
本文p.194　MAPⒸ㊻

㊽マルシン飯店
京都市東山区東大路三条下ル南西海子町431-3
☎075-561-4825
営業時間▶11:00〜翌6:00（L.O. 5:45）
定休日▶火曜
本文p.201　MAPⒸ㊽

＊本文中にて紹介した料理の価格は、原則として消費税込で、取材時（おおむね2013〜2016年）に基づく記述です。
＊店舗リストの情報はすべて2016年7月現在のものです。また、掲載先の事情により、メニュー、価格、営業時間、定休日など各種データが変わる可能性があります。おでかけの際は、最新の情報をご確認ください。
＊お店の意向でリストを掲載していない店舗もありますのでご了承ください。
＊MAPの位置はあくまでも目安です。p.208〜213をご参照ください。

京都しあわせ倶楽部

〈著者紹介〉

柏井　壽（かしわい　ひさし）

1952年、京都市生まれ。大阪歯科大学卒業後、京都市北区に歯科医院を開業する。生粋の京都人で、生来の旅好きであることから京都および日本各地の旅紀行やエッセイを執筆。テレビ番組や雑誌の京都特集でも監修を務める。『おひとり京都の愉しみ』（光文社新書）、『京都の路地裏』（幻冬舎新書）など著書多数。柏木圭一郎名義で「建築学者・京極要平の事件簿」「名探偵・星井裕の事件簿」シリーズを執筆。本人名義で執筆した小説『鴨川食堂』（小学館文庫）はドラマ化された。2015年、「京都しあわせ倶楽部」シリーズ創刊時より編集主幹を務める。

京都しあわせ食堂

2016年９月23日　第１版第１刷発行

著　者	柏井　壽
発行者	安藤　卓
発行所	株式会社ＰＨＰ研究所 京都本部　〒601-8411　京都市南区西九条北ノ内町11 文芸教養出版部　☎075-681-5514（編集） 東京本部　〒135-8137　江東区豊洲5-6-52 普及一部　☎03-3520-9630（販売） PHP INTERFACE　http://www.php.co.jp/
制作協力 組　版	株式会社PHPエディターズ・グループ
印刷所 製本所	図書印刷株式会社

ISBN978-4-569-83438-2

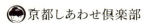

『京都しあわせ倶楽部』刊行にあたって

都が置かれる、はるか以前から、京の町には多くの人々が住み着き、平安京の時代は言うに及ばず、時代が下っても、天下人をはじめとして、多くの戦国武将たちが京都を目指した。

そして今。かつてないほど、多くの観光客が訪れ、更には京都に移り住む人たちも増える一方だ。

古今にわたって、内外から、人はなぜ京都に集まるのか。

世界遺産を筆頭に、広く知られた寺社があり、三大祭に代表される歳時があり、かてて加えて美味しいものがたくさんあるから。

だが決してそれだけで、人が京を目指すのではない。目には見えず、耳にも聞こえないが、京都には〈しあわせ〉という空気が満ち溢れている。それを肌で感じ取っているからこそ、多くの人々が京都に集い、そして誰もが笑顔を浮かべる。

しあわせの街京都へようこそ。

二〇一五年九月

『京都しあわせ倶楽部』編集主幹　柏井　壽（作家）

PHP　京都しあわせ倶楽部

ぶらり京都しあわせ歩き

至福の境地を味わえる路地や名所、五十の愉しみ

柏井　壽　著

路地をぶらりと歩き、自然を愛で、寺社を参詣し、美味しいものを食べる。そんな京都で至福の時を味わう愉しみ方を生粋の京都人が紹介。

定価　本体八五〇円（税別）

PHP 京都しあわせ倶楽部

今様 京都の値段

柏井 壽 著

料理から土産物まで素敵なものでいっぱいの京都。でも、気になるそのお値段は？京都を知り尽くした著者がお値打ち情報を紹介。

定価 本体一、〇〇〇円（税別）